逸失利益の研究　経済学から見た法の論理

逸失利益の研究

――経済学から見た法の論理――

二木雄策 著

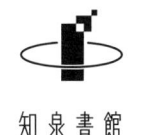

知泉書館

凡　　例

裁判所・判決関係

大判　：大審院判決
最判　：最高裁判所判決
高判　：高等裁判所判決
地判　：地方裁判所判決
支判　：（地方裁判所）支部判決
簡判　：簡易裁判所判決
［例］：神戸地裁姫路支判平 10.5.10. →
　　　　→神戸地方裁判所姫路支部判決，平成 10 年 5 月 10 日付.

出典・雑誌関係

民録　：『大審院民事判決録』
民集　：『大審院民事判例集』
下民集：『下級裁判所民事裁判例集』
交民　：『交通事故民事裁判例集』（ぎょうせい）
ジュリ：『ジュリスト』（有斐閣）
判タ　：『判例タイムズ』（判例タイムズ社）
判時　：『判例時報』（判例時報社）

は じ め に
──なぜ「逸失利益」なのか──

　戦後の私たちの社会を一つの「モノ」で代表させるとすれば何が相応しいだろうか。もちろん，この問に対して一つの確定した答があるわけではない。しかし20世紀後半の日本の有り様が「経済成長」という言葉で最も的確に表現されるということには，おそらく異論はないだろう。第二次大戦による灰燼状態から再出発した日本が，この半世紀の間に世界のGDP総額の約15％を占めるに至ったという事実（2000年の数値，世界銀行調べ）がこのことを端的に示している。日本が世界の諸国に伍することができるようになったのは，軍事力によるものでないのはもちろん，政治力によってでもなければ固有の文化によってでもない。モノを作り，作ったモノを世界各国に輸出するという経済力においてわが国はその存在を世界に示してきたのである。
　この「経済成長」を象徴する「モノ」を一つだけ挙げるとすれば，それは「自動車」ではないだろうか。都市という都市から軌道上を走る電車は完全に姿を消し，自動車だけが狭い道路を我が物顔で疾走（時には渋滞もするが）する。他方，高速道路は国土全体にわたって縦横に連なり，どんなに遠く離れた地方に行っても私たちの視界からクルマが消えることはない。今や，すべての家庭に乗用車があり，総ての国民がドライバーだと言っても決して過言ではない。私たちの生活は自動車を抜きにしてはもはや成り立たないのである。
　実際，昭和35年（1960）を基準にすると，平成2年（1990）の乗用車生産台数は実にその60.3倍（この間の粗鋼生産量は5.0倍）にも達し，輸出額で見ても昭和35年では鉄鋼の2割に過ぎなかった自動車のそれは平成2年には4.1倍にもなっている。また昭和30年（1955）における貨物輸送（トンキロ）のシェアーはJR（当時の国鉄）が52.0％，自動

車が 11.6％だったのだが，平成 10 年（1998）の比率は 4.1％と 54.5％となり，両者の関係は完全に逆転している。自動車はそれ自体の生産と輸出との急激かつ着実な伸びにおいて経済成長の牽引車であっただけではなく，輸送手段として経済活動全般を支えてきた役割においてもまた日本経済の不可欠の基盤だったし，現在でもそうであると言ってよい。

しかし車の普及がその反面で交通事故とそれによる死者の数を着実に増大させてきたことも事実である。長い間に亘って増加傾向を出してきた交通事故発生件数はこのところ確実に減少に転じているとはいえ，平成 21 年（2009）で 73 万件余り，陳腐な計算だが 43 秒間に 1 回の割合で自動車事故が日本のどこかで起きていることになる。また交通事故による死者の数は，年間 1 万 6 千人を優に超えた第 1 のピーク時（最高は昭和 45 年の 16,765 人）や再び 1 万人の大台に乗った第 2 のピーク時（最高は平成 4 年の 11,451 人）と比べれば明らかに激減してはいるが，それでも約 5 千人（平成 21 年で 4,914 人）と，阪神淡路大震災の死者に比肩しうる数である（図 0.1）。いま，昭和 30 年からの死者を累計すると平成 21 年までの 55 年間で 561,998 人になり，これまた陳腐な例えだが，この半世紀の間に鹿児島や新潟という中規模の都市の総人口に相当する人々の生命がクルマによって断たれたことになる。今や交通事故は極めて日常的な出来事であり，それによって生命を失った犠牲者の数はまさに「戦争」のそれに匹敵すると言っても過言ではない[1]。

ところで，私たちの社会はこれら多数の犠牲者をどのように処遇してきたのだろうか。交通事故というのは人間が起こすものであって自然現象ではないのだから，被害者がいれば必ず加害者がいる。事故が故意によるものであればもちろんのこと過失による場合であっても，加害者は被害者に与えた損害を賠償する責務がある（民法 709 条）のだから，私たちの社会ではクルマの普及にともない交通事故による損害賠償問題が不可避的に増大し，それに決着をつけることが大きな課題となってきたのである。

では，私たちはこの課題をどのように処理してきたのだろうか。交通

---

1) ただし，この死者数は事故後 24 時間以内に死亡した人に限定されたものである。これを事故後 30 日以内に死亡した人とすると，昨今では 15％方（例えば平成 19 年では 5,744 人が 6,639 人と 15.6％）増加する。

は じ め に　　　　　　　　ix

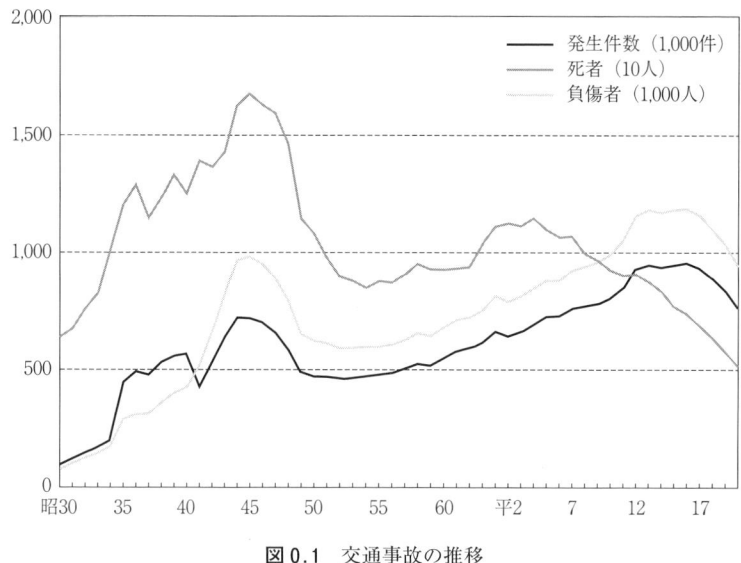

図 0.1　交通事故の推移

事故による損害をどのように捉え，それをどのようにして償ってきたのだろうか。これを明らかにすることは私たちが交通事故の犠牲者の生命を如何ように処遇してきたかを示すことになる。

　わが国の民法は不法行為に因る損害の賠償は金銭を以て行うと定めている（民法722条，417条）。交通事故も不法行為だからそれによって失われた人間の生命は金銭で評価され，それに相当する賠償金を加害者は被害者に支払わなければならない。そこで問題は死者に対する損害賠償金の額をどのようにして算定するかである。

　これは関係者の間では周知のことだが，交通事故による損害賠償金の算定は一定の枠組みや基準に則って行われている。激増する交通事故を抱えた社会がその賠償問題を公平かつ迅速に処理しようとすれば，何らかの指針が必要になるのだから，損害賠償に一定の枠組みや基準やらが設けられるのは避けようのないことだと言ってよいだろう。しかしだからといって賠償金の算定方法や金額が法規によって決められているわけではない。もっとも，損害賠償というのは基本的には加害者と被害者の間の対立・紛争であり，それにどう決着をつけるかは原則的には（広義での）法の役割だから，損害賠償の枠組みや基準は個々の紛争に対する

司法の判断を積み重ねることで,いわば慣習法的な産物として形成されてきたと見てよいだろう。

ではその枠組みはどのようなものなのだろうか[2]。

交通事故による死亡者に対する損害賠償は,通常,積極損害に対する賠償,消極損害に対する賠償,慰謝料,の三つに大別される。

(1) 積極損害というのは事故によって被害者が直接に負担することを強いられた諸費用であって,具体的には入院・治療費,付添看護費,葬祭費などがこれにあたる。

(2) 消極損害というのは被害者が事故に遭っていなければ得ることができたはずの経済的な利益を損害として捉えたものであって,これは被害者が事故によっていわば潜在的に失った経済的な損害であると言ってよい。通常,「逸失利益」(loss of future income)と言われるのがこれである。

(3) これら二者は広義の物的(ないしは財産的)損害と考えられるのだが,更に被害者が事故によって受けた精神的な苦痛が非物的(非財産的)な損害と見なされている。これに対する賠償が慰謝料である[3]。

このような分類による算定方法が損害賠償の枠組みとして最善のものかどうかは議論のあるところかもしれない。しかし民法で損害賠償が金銭の授受によって行われると規定されていることからすれば,この分類方法はそれなりに理に適っているのではないかと思われる。損害賠償が金銭の授受によって行われる限り,損害の程度はまず金銭で評価されなければならないのだが,この分類はそのような評価づけの難易度に的確に対応していると思われるからである。

---

2) 交通事故による損害賠償の算定基準については,例えば,文献[1],[2],[3]などが詳しい。なお[2],[3]が赤本・青本と言われるのは,表紙の色による略称である。

3) この分類がどのような考え方に基づき,いつ頃生まれたかは必ずしも定かではないが,明治末期には既にこの三本柱を基にして損害賠償額が定められていたと言われる。しかし,被害者の側からにしろ加害者の側からにしろ,損害が積極(的)だとか消極(的)だとかというのは適切な表現ではないだろう。実際,当初(明治末)は,これらに対して「直接の損害」とか「失いたる利得の補填」とかという言葉が用いられていたようである(吉村[4])。このことからすれば,積極・消極ではなく直接的(ないしは顕在的)損害・潜在的損害という言葉の方がまだしもその内実を正確に表しているようにも思われる。しかしここでは通常の用語に従った。

まず積極損害について言えば、治療費にしろ葬祭費にしろ、これらは財・サービスの提供にともなう金銭の授受が事故の被害者と第三者との間で現に行われるのだから、その評価額は（詰まるところは）市場によって決定されることになる。積極損害額の決定は基本的には経済問題であると言ってよい。

これに対し、慰謝料というのは被害者の精神的な苦痛というもともと金額で評価できない非物的（ないしは非経済的）な損害に対する賠償額だから、表示された金額に現実の経済的裏付けはない。慰謝料は金額で示されるとはいえ、そこに経済的な事実や論理が入り込む余地はもともとないのであって、実際「その数額は裁判所が各場合における事情を斟酌し自由なる心証を以て量定すべきもの」（大判明治43.4.5. 民録16輯. 傍点は引用者）にすぎないのである。

残った消極損害は、被害者本人が事故に遭わずに生きていたとすれば将来手にすることができたはずの経済的利益だから、それを金銭で表示することは本来的に可能である。しかしその額はあくまでも仮定や予想に基づく理論的な産物であって、現実の取引を反映するものではない。従って逸失利益の額は、それが経済的な利益である以上、現に市場で決定される諸々の経済指標——例えば年収、物価水準、生活費、利子率など——の制約を受けはするが、基本的には逸失利益の算定に関与する人々の考えや予想という極めて主観的な要素によって大きく左右されることになる。

ところで、この書物が直接の分析対象としているのは、これらのうちの消極損害＝死者の逸失利益である。積極損害額が現実の経済取引によって決まり、慰謝料の多寡が逆に現実的な根拠を全く持っていないのに対し、逸失利益というのはその算定に携わった人々の現実認識や経済事象に対する洞察だけではなく、それらの人々の論理的思考をも集約的に表していると思われるからである。「逸失利益」は私たちがクルマの犠牲になった人々をどのように扱ってきたかを最も端的かつ直接的に示すものであり、従ってその算定方法は理論的な検討の対象とされなければならないのである。

しかし、この逸失利益がどのようにして求められているかだけではな

表 0.1 逸失所得額（例）

ケース	性別	年齢	職業等	逸失所得(円)	出　　所
A	男	2	幼児	45,595,869	さいたま地判平 19.11.30.（交民 40-6.）
B	女	7	小1	52,543,555	大阪地判平 19.5.9.（交民 40-3.）
C	男	8	小2	60,532,758	東京地裁八王子支判平 19.9.19.（交民 40-5.）
D	女	12	中1	65,809,561	千葉地判平 19.10.31.（交民 40-4.）
E	男	19	大1	103,557,440	名古屋地判平 19.7.31.（交民 40-4.）
F	男	29	駅員	88,241,231	千葉地裁松戸支判平 19.12.26.（交民 40-6.）
G	男	37	建設業	68,610,095	さいたま地判平 19.11.30.（交民 40-6.）
H	女	59	主婦	34,666,876	東京地裁八王子支判平 19.7.12.（交民 40-4.）

く，その額がいかほどなのかということさえ一般には全く知られていないと言ってもよいだろう。逸失利益というのは被害者が事故によって失った経済的な利益だから，その額は当人が生きていれば得ることができたはずの所得を基にして算定される。いまこれを「逸失所得」と呼ぶとすれば，表 0.1 は最近の幾つかの裁判例からその額を取り出して示したものである。簡単に言ってしまえば，この数値が私たちの社会が生命を奪われた被害者に対して与えた経済的な評価なのである。

　この金額を「高い」と感じるか逆に「低い」と受け取るかは人それぞれの感覚の問題であって，そこに客観的な基準があるわけではないだろう。一人の人間を金額を尺度にして評価することなどもともとできない相談である。しかし逸失利益が金銭で評価されなければならない以上，その額はこの逸失所得を基にして算定されざるを得ないことになる。従ってまず必要なのは，逸失所得は現在どのような方法で算定されているのか，そこに至るまでにどのような試行錯誤がなされてきたのか，その方法はどのような長所や欠点を持っているのか，これらを踏まえた上で逸失利益の算定はどのように為されるべきなのか，などを検討することである。このような作業を行うことが本書の目的であり，それを通して，逸失利益の算定に直接に携わってきた法曹関係者（とりわけ裁判官）がどのような「物の考え方」で交通事故の処理に当たってきたか，ひいては私たちの社会が交通事故による死者をどのように扱ってきたかを明らかにしたい，というのが本書の狙いである。

　なお，この書物はクルマによる交通事故を直接の材料にしているが，

逸失利益そのものは鉄道，航空機，船舶などの交通事故はもとより，最近とみに問題視されている医療過誤，労働災害，過労死，更に言えば殺人など，人間の生命が直接の対象となる事故や事件の処理においても重要な意義を持つことは言を俟たないだろう。ただ自動車事故はそれが比較的早い時期から発生しその数が膨大なものになってきたという点で，「逸失利益」算定の先導的な役割を果たしてきたにすぎないと言ってよい。それだけにこの書物で展開される議論は私たちの社会の有り様について考えるとき，欠くことのできない視点の一つを与えることになるはずである。

引 用 文 献

〔1〕損害賠償算定基準研究会『注解　交通事故損害賠償算定基準　実務上の争点と理論』ぎょうせい，初版1989.7.，3訂版2002.10.
〔2〕日弁連交通事故相談センター東京支部『民事交通事故訴訟　損害賠償額算定基準』，初版1969，第36版2007.2．（通常『赤本』と言われる）。
〔3〕日弁連交通事故相談センター『交通事故損害額算定基準―実務運用と解説―』，初版1970.3.，22訂版2010.1．（通常『青本』と言われる）。
〔4〕吉村良一『人身損害賠償の研究』，日本評論社，1990.12.

目 次

はじめに ……………………………………………………………… vii

第1章　本書の視点——逸失利益とは ………………………… 3

第2章　逸失利益の算定——逸失利益の求め方 ……………… 9
  1　基本的な考え方 ……………………………………………… 9
  2　数式で示した算定方式 ……………………………………… 13
  3　算定方式の検討 ……………………………………………… 15
    （1）　東京方式と大阪方式 …………………………………… 15
    （2）　ライプニッツ方式とホフマン方式 …………………… 19
    （3）　単純平均と加重平均 …………………………………… 23

第3章　逸失利益は公正か（1）——成長とインフレ ……… 33
  1　公正な逸失利益とは ………………………………………… 33
  2　過去の判例 …………………………………………………… 36
    （1）　所得の成長 ……………………………………………… 36
    （2）　インフレーション ……………………………………… 44
  3　インフレと割引率 …………………………………………… 49
  4　補足 …………………………………………………………… 52

第4章　逸失利益は公正か（2）——低金利をどう捉えるか … 57
  1　逸失利益と低金利 …………………………………………… 57
  2　低金利の扱い方 ……………………………………………… 64
  3　「二者併用」的な割引率 …………………………………… 68
    （1）　仮設例 …………………………………………………… 68

(2)　一つの実例 ……………………………………………… 73
　　(3)　「併用法」の判例 ………………………………………… 78

第5章　逸失利益の「一般理論」——金利と物価 ……………… 85
　1　この章の問題 ………………………………………………… 85
　2　算定の「一般理論」 ………………………………………… 89
　　(1)　基本的な関係式 …………………………………………… 89
　　(2)　仮設例 ……………………………………………………… 91
　3　補論 …………………………………………………………… 100

第6章　逸失利益と遅延損害金——裁判所の論理と数理 ……… 105
　1　遅延損害金は「単利」か …………………………………… 105
　　(1)　私見 ………………………………………………………… 105
　　(2)　裁判所の判断 ……………………………………………… 109
　2　遅延損害金と割引率 ………………………………………… 114
　3　遅延損害金と自賠責保険金 ………………………………… 116
　　(1)　これまでの計算方法 ……………………………………… 116
　　(2)　「単利」と「複利」 ……………………………………… 123

第7章　判決の「文章」——誰のための判決か ………………… 127
　1　難解な判決文 ………………………………………………… 127
　2　「糊と鋏」 …………………………………………………… 132

第8章　最高裁判決（平17.6.14.）について——その論理を問う … 139
　1　閑話休題 ……………………………………………………… 139
　2　下級審の判断 ………………………………………………… 140
　3　実質利子率 …………………………………………………… 144
　4　上告審 ………………………………………………………… 145
　　(1)　上告理由 …………………………………………………… 145
　　(2)　最高裁の判断 ……………………………………………… 148
　　(3)　判決の含意 ………………………………………………… 152
　5　付加的な理由 ………………………………………………… 154

第 9 章　最高裁判決の余波――残された途 ················· 161
　1　最高裁判決の《解説》 ···························· 161
　2　最高裁判決の論評 ······························ 164
　　（1）幾つかの論評 ····························· 164
　　（2）補遺 ································· 167
　3　新しい動き ································· 167
　　（1）ホフマン方式への回帰 ························ 167
　　（2）「単利が原則」か ··························· 171
　4　残された途 ································· 175

第 10 章　結　び ································ 179

あとがき ····································· 185
索　　引 ····································· 192

逸失利益の研究
―― 経済学から見た法の論理 ――

第 1 章

本書の視点
―― 逸失利益とは ――

　法を犯すことで他人に損害を与えた人は賠償の責めを負わなければならない（民法 709 条）。交通事故も，もちろんこの例外ではない。交通法規を破ることで他人の生命を奪い，他人の身体に損傷を加えた加害者は，被害者の蒙った損害を償わなければならない。では，この損害賠償はどのような方法で行われているのだろうか。

　この点についてわが国の民法は，別段の意思表示がなければ賠償は金銭で行われる，と定めている（民法 722 条，417 条）。不法行為によって人間の身体機能や生命そのものが侵害されたとき，それに対する賠償は原則として金銭の支払によって行われる，というわけである。しかし，生命や身体の損害の程度を貨幣で評価する方法について，民法が何かを規定しているわけではない。

　これは経済学の教科書には必ずといってよいほど書かれていることなのだが，貨幣の基本的な機能は交換の媒介と価値の尺度とである。言うまでもないことだが，私たちの経済生活はモノとモノとの交換によって成り立っている。例えば米を生産する農家は，それを魚や衣服など生活に必要な他のモノと交換して生活を維持しているし，サラリーマンは労働力というモノを生活必需品と交換して生きている。しかし現在の社会ではこのような交換はモノとモノとの直接の交換（＝物々交換）ではなく貨幣を媒介とした交換（＝売買）という形を採っている。農家は生産した米と生活に必要な鯛とを直接に交換するのではなく，米を売って手にした貨幣で鯛を購入する。そうすることによって交換がよりスムーズかつ広範に行われるからである。

このようにモノとモノとの交換が貨幣を媒介とした売買という形を採る以上，交換される総てのモノの価値は貨幣単位＝円で評価され，その評価額に応じて交換が行われる。我々の社会ではモノは交換されるために貨幣で評価されるのだが，逆に貨幣で評価されたモノは何であれ売買の対象となりうる。

交通事故の被害者が物的な損害を被った場合，その損害の程度を貨幣で評価するのはさほど難しいことではない。事故で失ったモノを新たに生産したり購入したりするためにはどれだけの貨幣が必要かを考えればすむからである。しかし失われたのが人間の生命や身体の機能などの場合には，その損害の程度を金銭で評価するのは困難なばかりかもともと不可能であると言わなければならない。人間の生命や身体の機能というのは交換＝売買の対象にはなりえないからである。それらを他のモノと交換することはできないし，またすべきでもない。カネでは買えない人間の生命や身体をカネで評価しなければ損害賠償が成り立たないというのは，明らかに論理の矛盾である。人命を失うという損害に対する賠償を金銭で行うという民法の規定は本来できないこと，してはならないことを要求しているのではないか。それにも拘わらずこのような理不尽な要求に応えなければ民法の定めに従って損害を償うことはできない。どうすればよいのだろうか。

先ず考えられるのは，「人間」という多面的な存在から，「所得を稼ぎ出す力」という経済的な面だけを取り出し，それを基にして損害賠償額を算定するという方途だろう。「逸失利益」がそれである。

『広辞苑』によれば，逸失利益は「不法行為がなければ得られたはずの利益」と定義される。被害者の側からすれば，これは事故に遭わなければ将来，得ることができたはずの経済的利益ということだから，その大きさは基本的には当人の将来の所得を基にして算定されうるということになる。従って逸失利益の値を求めるためにまず必要なのは，生きていれば被害者が手にすることができたはずの将来の所得＝逸失所得を推計するという作業である。

ここで注意しなければならないのは，被害者はこれから先，何年にも亘って働くことができたはずなのだから，その所得もまた何年にも亘って生じるということである。しかし，賠償の義務は損害と同時に発生す

るのだから，逸失利益はその時点で算定されかつ支払われるというのが原則である。逸失利益は事故が発生した時点で評価されなければならず，そのためには何年にも亘って得られるはずの所得を集計して一つの値で表示しなければならない。しかし，だからといって将来の各時点の所得をそのまま足し合わせればよいというわけではない。貨幣は利子を生むから，現在の100円と（例えば）10年後の100円とは同価値（equivalent）ではないからである。10年後の所得はそこから10年間の利子相当分を控除した値＝現在価値に換算した上で，同じようにして求められた他の年のそれと足し合わされなければならない。この換算（中間利息の控除とも言われる）が逸失利益を求めるために必要なもう一つの作業である。

　このように，逸失利益というのはもともと売買の対象にはなりえない人間の生命や肉体を貨幣で評価するというものだから，これはフイクションである。また，死亡してしまった被害者が生きていたとすれば，という現実に反する仮定の下で将来の所得を推計し，更にその値を現在価額に換算するのだから，この点においてもまた逸失利益はフイクションである。しかしフイクションだからといって論理を軽視した恣意的な方法で逸失利益を算定してもかまわない，ということにはならない。話はむしろ逆であって，フイクションだからこそ，その算定は論理に従って厳密に，かつ現実に即して的確に行われなければならない。その推計が現実に基づかず，また論理に従ってなされない場合には，その程度に応じて逸失利益の算出過程に恣意的な要素が入り込むから，算出された金額もそれに応じて曖昧模糊とした正体不明のものになってしまう。しかし求めなければならないのは公正な逸失利益であって，何ほどかの金額ではない。金額を安易に求めるために恣意的な要素を持ち込むことは許されないのである。

　では，公正な逸失利益とはどのような条件を満たすものなのだろうか。
　繰り返すことになるが，逸失利益というのは被害者が生きていれば手にしただろう将来の利益から中間利息を控除して求められる金額である。例えて言えば，それは将来所得の前払い（視点を変えれば前借り）である。従って公正な逸失利益というのは，将来の所得を現時点（正確には事故時点）で前もってまとめて受け取ることと，全就労期間に亘って毎

年それを手にすることとが同価値になるような額のものでなければならない。時間の流れに則して言うと，被害者が事故時点で一括して受け取った金額（＝逸失所得）を適宜に運用しながら，そこから手にできたはずの所得を毎年差し引いて行くと，本人が定年で退職したであろう時点（一般に 67 歳とされている）で残金がちょうどゼロになるような金額，それが公正に求められた逸失利益だということになる。従って，逸失利益が公正なものかどうかはそれを事実と対応させることによって始めて判断できることになる。

　しかし逸失利益は将来に関するもの，言い換えれば一種の予測値だから，算定された時点では，それが公正なものか否かを直接に検証することはできない。逸失利益は予測値だからそれに対応させる事実は算定の時点では未だ存在していないからである。予測値である逸失利益が公正なものかどうかは，時間の経過を待ってはじめて確認できるのである。これは逸失利益の性質から来る必然的な帰結であると言ってよい。従って，逸失利益について論じる場合に必要なのは，どのような算定方法が理に適い，どのような値が事後的な（ex post）検証に耐えうるか，を追求することである。必要なのは論理を重んじ，事実を重視することである。

　以上が逸失利益について論じる本書の基本的な視点である。
　ただし，議論を始める前に注意を喚起しておきたい点が二つある。
　第一は逸失所得と逸失利益との関係についてである。ここまでの議論では「所得」と「利益」とを同じものとしてきた。しかし（例えば）表 0.1 に示した「逸失所得」がそのまま「逸失利益」として損害賠償金になるわけではない。通常，所得から生活費を差し引いたものが利益だとされているからである。この生活費は通常，所得に一定の生活費控除率を乗じて求められているのだが，この比率は被害者が男性か女性か，単身者か否か，などによって 30〜50％ の値とされるのが普通である。生活費控除については，損害賠償で所得から生活費を控除するのは何故か，控除すべき生活費は具体的にどのような支出を指すのか，30〜50％という控除率に事実としての裏付けがあるのか，など，論じられるべき問題点は多いのだが，現行の算定方法はこれらの点を曖昧にしたままで，生

活費控除率を恣意的な調整項目として利用しているように思われる。しかしこの書物では生活費控除には触れていない。それ以前に検討しておかなければならない，より基本的・本質的な問題に論議を集中したいと考えたからである。ここでは生活費控除は残された課題として留保されており，その結果，「逸失所得」と「逸失利益」とは同義のものとされ，区別されていない[1]。

　第二に蛇足ながら次のことを付け加えておきたい。

　損害賠償というのは「他人に与えた損害を填補して損害のないのと同じ状態にすること（有斐閣『新・法律学辞典（第3版）』）と定義されるのだが，この定義からすれば，損害がモノではなく人間の生命や身体の機能である場合には，民法で定められているとはいえ，金銭による賠償という方途は賠償の本来の姿では決してないということになる。金銭で生命を取り戻すことはできないからである。しかし金銭の授受だけではなく，他の如何なる方法によっても「損害のないのと同じ状態にすること」ができない以上，実際問題としては，一般的な購買力である金銭によるしか賠償の術はないだろう。「逸失利益」というのはこのような事情から考え出されたいわば窮余の一策である。従って，その金額を的確に算定することが逸失利益の最終の目的であることは確かなのだが，それは人間の生命を奪ったことに対する償いのためであって，お金の計算自体が目的なのではない。逸失利益の算定を通して我々が究極的に扱っているのは「人間の生命」であって「金銭」ではない。これは逸失利益について論じる場合，常に念頭に置いておかなければならない最も重要な前提である。

---

[1] 被害者が重度障害者となったような場合には，当然のことながら生活費は控除されない。そこでは逸失所得と逸失利益とは同じである。

第 2 章

逸失利益の算定[*)]
――逸失利益の求め方――

1. 基本的な考え方

前章で指摘したように,逸失利益は,
(i) 被害者が将来,得ることができたであろう各年の所得を推計すること,
(ii) その所得から中間利息を控除した現在価値を求め,それらの値を合計すること,
という二つのステップを経たうえで算出される。

では,それぞれのステップにおいて,一般にどのような方法が用いられているのだろうか。

まず被害者の将来所得は,本人が事故当時,所得を得ていたか否かによって異なった資料を基にして推計される。即ち,被害者が給与所得者や事業所得者などのように,事故当時,現に所得を得ていた場合には,原則としてその時の年収を基にして将来の所得が推計される。これに対し,幼児や学生,更には家庭の主婦など,事故の時,職業に就いていなかった被害者については,その時点の『賃金センサス』(厚生労働省統計情報部編)を基にして年間所得額が推計される。ただしこの場合には,被害者の年齢階層に相当する統計の値(幼児や児童などの未就業者の場合には 18~19 歳の給与額,一般に初任給と言われる)を用いる場合と,被害

---

 *) 本章の 3. は拙稿〔8〕,〔9〕を基にして書き改めたものである。

者の就業可能期間全般（幼児などの場合は18歳から67歳まで）に亘っての年当たりの平均値（全年齢平均と言われる）を用いる場合とがある。平均値が用いられる場合はもちろん，（例えば初任給のように）そうではないケースでも，算定期間を通して所得は毎年，同額（一定）とされることが多い。

　このようにして求められた将来の所得（しばしば基礎収入と言われる）から中間利息を控除してその現在価値を求める第2のステップには，利子計算を単利で行うか複利で行うかに対応して二通りの方法がある。単利のホフマン法と複利のライプニッツ法である。これらについては更に基礎収入を割り引く利子率の値をどうするかという問題があるのだが，現在では民事法定利率の5％をそれに充てるのが一般的である。時の流れに則して言えば，事故時点で支払われた逸失利益は被害者の就業期間全般に亘って年5％の率で運用される，と想定するわけである。

　逸失利益の大きさはこれら二つのステップをいわば結合させることで決まるのだが，非（未）就業者についての基礎収入の決め方は一つではないし，利子率を5％に限定するにしても，その基礎収入を現在価値に換算する方法も一つではないのだから，被害者の逸失利益を算定する方法も可能性としては一つではないということになる。もちろん，交通事故の被害者の年齢，性別，職業，学歴，職歴，などは同じではないし，その性格や能力なども千差万別なのだから，被害者の逸失利益がすべて同額でなければならないというわけではない。しかし，結果としての算定額だけではなく用いられる算定方式が人によって異なったり，更には同一の被害者についても幾つかの算定方法が考えられたりするということになると，それらのすべてを受け容れてもよいということにはならないだろう。幾通りもの方法があれば，それらが相互に排他的であり，どれを採るかによって算出された金額が極めて不合理かつ不公平なものになってしまうことになりかねないからである。

　このことは，現在用いられている逸失利益の算定方法を吟味し，それが合理的なものなのか否か，公平な結果をもたらすものなのか否か，更にはどのような方法を用いて逸失利益を算定することが合理的かつ公平なのか，などを考えなければならないということを示唆している。煎じ詰めれば，このような問題について分析を試みようというのが本書の課

題であると言ってよい。
　では，逸失利益は具体的にどのようにして計算されているのだろうか。このことを見るために，まず簡単な数値例を示そう。
　いま，ある人が交通事故に遭い，これから先5年間，毎年100の収入を得ることができなくなったとしよう。この被害者が失った経済的利益＝逸失利益は幾らになるのだろうか。
　単純に考えれば100の収入を5年に亘って失うのだから，逸失利益は500になると思われるかもしれない。しかしこれは（既に述べたように）正解ではない。逸失利益というのは将来手にするはずだった収入を現時点（事故時点）で受け取るというものだから，形の上では収入の前借りと同じであり，前借りである以上，その間の利子が収入から控除されなければならないからである。この例で言えば，例えば3年先に手にするはずの100の収入を逸失利益として現時点で受け取るとすれば，その受取額Eは，それに対する利子相当分を100から控除した額になる。従って利率が5％，利子を単利で計算する場合には

　　E＝100－(E×0.05×3)

あるいは同じことだが

　　E(1＋0.05×3)＝100
　　∴ E＝100/(1＋0.05×3)＝86.96

となる[1]。
　同じように考えれば，複利の場合は

　　E(1＋0.05)^3＝100
　　∴ E＝100/(1＋0.05)^3＝86.38

である。
　この計算は，将来所得の割引きとか中間利息の控除とか言われるのだが，3年後の100の現在価値は（金利が5％ならば）86.96または86.38

---

[1]　収入から控除される利子相当分は100×0.05×3＝15だからE＝85ではないか，と思われるかもしれない。実際，手形割引などの場合には，このような計算が行われる。これはカルプツォウ方式とか単式ホフマン方式とか言われているものだが，借り手が現に手にした金額（この例ではE）に対してではなく，額面金額（100）そのものに対して利子が付けられるので，その分，利子は過大になる。このために少なくとも長期に関しては，この方法が用いられることはない。

になること，言い換えれば将来の 100 と現在の 86.96 または 86.38 とは同値であることを示している。

　逸失利益というのは，このようにして求められた各年のEを合計してやればよいのだから，金利 5％，単利で計算すれば

　　$\{100/(1+0.05)\}+\{100/(1+0.05\times 2)\}+\cdots\cdots+\{100/(1+0.05\times 5)\}$
　　$=100(0.9524+0.9091+\cdots\cdots+0.8000)$
　　$=100\times 4.3647=436.47$

複利では

　　$100/(1+0.05)+100/(1+0.05)^2+\cdots\cdots+100/(1+0.05)^5$
　　$=100(0.9524+0.9070+\cdots\cdots+0.7835)$
　　$=100\times 4.3295=432.95$

となる。4.3647 が期間 5 年，利率 5％の場合のホフマン係数であり，4.3295 がライプニッツ係数である。なおこれらの係数の値はいわゆる『赤本』や『青本』など，交通事故の損害賠償について書かれた解説書には必ずと言ってよいほど掲載されている[2]。

　一般に逸失利益はこの例のように毎期，一定の値を採ると仮定された被害者の基礎収入に当人の就業可能期間に応じたホフマンまたはライプニッツ係数（利子率は 5％）を乗じるという簡単な掛け算で算出されるのだが，ここから分かるように，逸失利益の値は（就業期間は被害者の年齢によって決まるから），(1) 当人の年収（基礎収入）の大きさ，(2) 割引に用いられる利子率の値，(3) ホフマン係数とライプニッツ係数のどちらを用いるかの選択，という三つの要因によって決まることになる。本書では，ホフマン係数とライプニッツ係数の選択の問題がこの章の後半で扱われ，所得（基礎収入）の問題が主に第 3 章で，利子率（割引率）の問題が第 4 章で，それぞれ扱われる。その上で，第 5 章及び第 8 章ではこれら二つ——所得と利子率——が総合して分析の対象とされる。

---

　2) 『赤本』，『青本』については「はじめに」の〔引用文献〕を参照のこと。なおホフマン係数とライプニッツ係数の大小関係について言えば，将来所得から控除される利子は単利に基づくホフマン方式に拠る方が複利のライプニッツ方式に拠るそれよりも小さいのだから，その分ホフマン係数が大きくなる。

ここで後の議論との関係で付言しておきたいことがある。

一般に用いられている逸失利益の算定方法では，上の例が端的に示すように，年収の大きさは毎年同じで利子率も算定期間を通して5％に固定されている。そうすることで計算は簡単にはなるのだが，この想定自体は極めて非現実的なものである。被害者の年収や利子率は経済の動向に応じて変化するというのが社会の実態なのだから，現行の方法によって算出された逸失利益は極めて不公平なものではないかという懸念は，当然のことながら生まれてくる。算定に用いられる所得や利子率に現実的な「変化」を反映させた方がより的確で公平な逸失利益を算定することができるのではないだろうか。本書の分析はこのような単純な着想から出発していると言ってもよい。

2. 数式で示した算定方式

ここでは前節で述べた逸失利益の算定方式を数式を用いた一般的な形で示しておく。内容そのものは前節の繰り返しだから，この部分を飛ばして次節3．に進んでも大勢に影響はない。

まず手始めに利子計算の式を示す。

元金$X(0)$を年利iで，n年間預金したとすると，この資金はn年後には

  単利では $X(n) = X(0) \times (1 + i \times n)$

  複利では $X(n) = X(0) \times (1 + i)^n$

となる。この式を変形し

  $X(0) = X(n)/(1 + i \times n)$

  $X(0) = X(n)/(1 + i)^n$

とすれば，将来値$X(n)$の現在値$X(0)$が求められる。この計算は通常，将来値を割り引いて現在値を求める，と言われるのだが，$X(n)$と$X(0)$との差はn年間の利息に相当するので，$X(n)$から$X(0)$を求めることを中間利息の控除と言うこともある。なおこの場合には，iは利殖を意味する「利子率」ではなく「割引率」と言われることが多い。

さて，被害者が事故に遭わなければt年後に得られたであろう所得を

Y(t)とし，その現在価値を求めるための割引率をiとする。更に，事故に遭わなければ被害者は今後n年間に亘って就労することができたはずだとすれば，逸失利益Eは各年の将来所得Y(t)を割り引いた現在価値を就業期間（1～n）に亘って合計した値だから

$$E = \sum \{Y(t)/(1+i \times t)\}$$
$$E = \sum \{Y(t)/(1+i)^t\}$$

となる。

ここで，将来所得Y(t)が（事故時点での年収や『賃金センサス』の初任給または全年齢平均賃金のように）毎期一定（$=\overline{Y}$）であると想定すると，現に就業している被害者の逸失利益は，

$$E = \overline{Y}\sum\{1/(1+i \times t)\} = \overline{Y} \times H(i,n)$$
$$E = \overline{Y}\sum\{1/(1+i)^t\} = \overline{Y} \times L(i,n)$$

のように，一定の所得$\overline{Y}$と，割引率i及び就業期間nの値に応じて求められた係数HまたはLとの積として示される。

なお，被害者が若齢の未就業者であり，事故に遭わなければ事故のm年後からn年後までの期間，所得を得ることができたはずだとすれば，その場合の逸失所得Eは期間nのEから期間mのEを差し引けばよいわけだから

$$E = \overline{Y} \times \{H(i,n) - H(i,m)\} = \overline{Y} \times H(i,n,m)$$
$$E = \overline{Y} \times \{L(i,n) - L(i,m)\} = \overline{Y} \times L(i,n,m)$$

となる。『青本』や『赤本』ではこれらの係数H，Lは「18歳未満の者に適用するホフマン係数・ライプニッツ係数」として示されている[3]。

このように整理すれば，一般に逸失利益の値は基礎収入Y，割引率i，就業期間n（とm），それに係数HまたはLによって決まることが分かる。n（とm）は被害者の年齢と就業期限（一般に67歳）によって決まるのだから，逸失利益の値は詰まるところは，基礎収入Yの値をどのようにして決めるか，利子率iをいくらにするか，ライプニッツとホフマンの何れの方式を用いるか，によって決まることになる。

更に簡単化のために毎期の所得を一定の値に固定し，利子率を法定利率の5％とすれば，（就業期間は被害者の年齢に応じて決まるから），逸失

---

[3] 簡単な計算で確かめられるように $L(i,n) - L(i,m) = L(i,(n-m))/(1+i)^m$ である。

利益はこの固定された所得額（基礎収入）$\overline{Y}$と 5％に対応したホフマンまたはライプニッツ係数の積として求められることになる。通常，広く用いられているのはこのようなケースに他ならないのだが，以上から分かるようにこれは幾つかの仮定を設けることで問題を極めて簡単化したものである。

3. 算定方式の検討

(1) 東京方式と大阪方式

　これまで広く用いられてきた逸失利益算定方式の是非を検討するために，まず算定方式の違いによって不公平な結果が生まれる典型的なケースを採り出し，それを検討する。第一に採り上げるのはいわゆる東京方式と大阪方式の問題である。

　関係者の間では周知のことなのだが，被害者が幼児や学生などの未就業者の場合，その逸失利益は長い間，『賃金センサス』の初任給にホフマン係数を乗じるか，全年齢平均値にライプニッツ係数を乗じるか，のどちらかの方法によって算定されてきた。前者は主に大阪地裁や名古屋地裁で，後者は東京地裁でそれぞれ用いられていたので，これらは俗に大阪方式，東京方式と呼ばれていたのだが，これらの方式では算定された額に大きな差が生まれる。例えば（やや古くなるが）平成 6 年の事故で被害者が 10 歳の男児であるという場合，『賃金センサス（平成 6 年）』の数値を用いて逸失所得を東京方式で求めると（ただし賃金はすべての学歴をカバーした値（しばしば「学歴計」と言われる）を用いる）

　　5572.8×12.2973＝68530.3（千円）

となるのに対し，大阪方式では

　　2445.4×20.0066＝48928.1（千円）

となり，前者の方がほぼ 2,000 万円，率にして約 40％も高くなる[4]。

　ただし，どのようなケースでも東京方式の方が大阪方式よりも高額に

　4）　ただし通常，逸失利益はこの所得から「生活費」を差し引いて求められるので，ここでの金額の差がそのまま逸失利益の差になるわけではない。男児の場合「生活費」は収入の 50％とされるから，逸失利益の差は約 1,000 万円である。

なるというわけではない。被害者が同じ 10 歳であっても女児である場合の逸失所得は，東京方式では

　　3244.4×12.2973＝39897.3（千円）

だが，大阪方式では

　　2104.8×20.0066＝42109.8（千円）

と，男子の場合とは逆に大阪方式による方が東京方式による場合よりも約 220 万円（比率では 5.5％）高くなる[5]。

　大阪地裁が大阪方式を採用し東京地裁が東京方式を用いたのはそれなりの経緯や理由があってのことだろうし，最高裁はこれらの何れをも「不合理とはいえない」として是認してもいるのだが（最判昭 37.12.14. 判時 325.，最判昭 53.10.20. 民集 32-7. 判時 908.），裁判所の所在地が異なるだけで被害者の逸失利益に大きな差が出るばかりか，性別によってその大小関係が逆になることもあるというのでは，東京方式と大阪方式の併用をそのまま認めることは公平の原則に反するが故に適当ではないだろう。

　ところで，裁判所が東京方式と大阪方式という二つの算定方式のどちらを用いてきたかを，被害者が幼児や学生などの未就業者の場合について調べてみると（表 2.1），平成 12 年が転機になっていることが分かる。即ち，それまでは関東地方の裁判所は東京方式だけを，関西・名古屋の裁判所は大阪方式だけを，それぞれ採用していたのだが，平成 12 年以降では（「その他」の地域の裁判所をも含め）ライプニッツ係数を用いる東京方式に完全に統一されている。

　このような変化の直接の契機となったのは，平成 11 年 11 月に東京，大阪，名古屋三地裁交通部の総括判事名で発表された『交通事故による逸失利益の算定方法についての共同提言』（以下，簡単に『共同提言』）〔1〕である。この『共同提言』が生まれたのは「東京方式と大阪方式のいずれの算定方式を採用するかによって……逸失利益の算定額に大き

　5）ただし，このような関係が常に成立しているわけではない。被害者が男性の場合は東京方式による額の方が高くなると見てよいが，女性の場合には被害者の年齢が高くなると東京方式による額の方が大阪方式のそれよりも多くなる傾向が生まれる（概ね 9～10 歳がその境界になる）。また事故の年が過去に遡れば遡るほど，大阪方式による額の方が東京方式によるそれよりも高くなる傾向がある。

3. 算定方式の検討

表2.1 ホフマン方式とライプニッツ方式

平成	東京地裁 H	東京地裁 L	大阪地裁 H	大阪地裁 L	その他 H	その他 L	計 H	計 L
4	0	2	1	0	0	1	1	3
5	0	2	2	0	0	1	2	3
6	0	4	2	0	0	2	2	6
7	0	2	3	0	0	1	3	3
8	0	2	2	0	2	0	4	2
9	0	1	5	0	0	1	5	2
10	0	3	4	0	0	1	4	4
11	0	0	6	0	0	0	6	0
12	0	4	0	4	0	0	0	8
13	0	4	0	2	0	0	0	6
14	0	2	0	6	0	0	0	8
15	0	7	0	4	0	0	0	11
16	0	3	0	4	0	2	0	9
17	0	0	0	4	0	1	0	5
18	0	3	0	2	0	0	0	6

*) Hはホフマンによる大阪方式
Lはライプニッツによる東京方式
東京地裁には横浜・浦和・静岡・前橋各地裁を含む
大阪地裁には名古屋・京都・神戸各地裁を含む
その他は仙台・山形・岡山・松山・福岡・那覇の各地裁を含む

な差が生じる」ことが「社会問題化して放置することができない」ようになり、この「地域間格差の問題を早急に解決することが求められている」という裁判所の現状認識に基づいてのことである。このような事態に対処するために「より良い方式が何であるかについて検討を重ねた結果」、『共同提言』は被害者が幼児や学生の場合には、その「基礎収入を全年齢平均賃金」とし「中間利息の控除方法については……ライプニッツ方式を採用する」ことを提唱した。要するに東京方式に統一しようというわけである。

そこで問題は、なぜ大阪方式ではなく東京方式なのか、である。この点について『共同提言』は、「逸失利益の算定において、適正かつ妥当な損害額を求めるためには基礎収入の認定方法と中間利息の控除方法と

を，具体的妥当性をもって整合的に関連させることが必要である」としたうえで，まず第1に，被害者が幼児や学生の場合には，その基礎収入を初任給ではなく「比較的高額の全年齢平均賃金……としていることとの均衡」からすれば，それに乗じる割引係数はホフマン係数ではなく，それよりも低いライプニッツ係数でなければならないからだと言う。

　なるほど基礎収入として初任給よりも高い全年齢平均賃金を用い，それにライプニッツ係数よりも大きいホフマン係数を掛けると，逸失利益の額が他のケースよりも大きくなりバランスが崩れることは確かである。しかしそれならば基礎収入として全年齢平均よりも低い初任給を用い，それにライプニッツよりも高いホフマン係数を掛けるという大阪方式でも良いということになるのではないか。『共同提言』の論理は基礎収入を全年齢平均とすることを前提としてはじめて成立する。しかし『共同提言』は幼児や学生の被害者の基礎収入についてはそれを「全年齢平均賃金によることとし」と述べるだけで，なぜ（初任給ではなく）全年齢平均賃金なのか，という理由を説明していない。

　もともと，逸失利益の算定においてどのような方法を用いるかという問題は，いくつかの方式によって算定された金額を比較してその中から中程度のものを選ぶ，というような性質のものではないだろう。計算結果としての金額ではなく，それを導出する方法の妥当性が問われるべきではないのか。そうだとすれば，逸失利益は被害者が交通事故に遭わなければ手にすることができたはずの所得を割り引くことで求められるのだから，それを的確に計算するためには一方で被害者の将来所得をできる限り正確に予測し，他方で所得に乗じられる割引係数としてホフマンとライプニッツの何れが妥当かが決められるべきである。基礎収入の決定と割引方式の選択とは別個の問題であって相互に関連があるわけではない。

　そこで，基礎収入としてどちらを用いるべきかというのであれば，初任給ではなく全年齢平均賃金とすべきだろう。逸失利益というのは，被害者が就業可能期限（一般には67歳）までの間に手にすることのできる収入（の現在価値）だから，その間の年収は本人の年齢や就労年数に応じて変化するはずである。だからこそ全年齢平均が用いられるべきなのであって，18歳で就業してから67歳で退職するまで年間収入が初任給

3. 算定方式の検討　　　　　　　　　　19

の水準に固定されたままであるという大阪方式は極めて非現実的な想定に基づいているのである。

　では，この全年齢平均賃金に乗じられるのはホフマン係数なのだろうかライプニッツ係数なのだろうか。逸失利益をできる限り的確に算定すべきだとする以上，用いられるのはライプニッツ係数でなければならないだろう。現在の社会では通常，利息は複利で計算されるから，一時に受け取った逸失利益は被害者の退職まで，少なくとも長期に関しては，複利で運用されると考えるのが公正だからである[6]。ライプニッツ方式かホフマン方式かという問題は，資金の運用方法としてどちらが現実を的確に反映しているかによって決めるべき問題であって，基礎収入の算定方法と「具体的妥当性をもって整合的に関連させる」ことで決めるような性質の問題ではない。

(2)　ライプニッツ方式とホフマン方式

　ついで『共同提言』はライプニッツ方式が用いられるべきだという第2の理由として，年利5％のホフマン方式の場合には「就労可能年数が36年以上になるときは，賠償金元本から生じる年5分の利息額が年間の逸失利益額を超えてしまうという不合理な結果となるのに対し，ライプニッツ方式の場合には，そのような結果が生じない」から「ライプニッツ方式を採用することが相当」だとしている。

　ホフマン方式に対するこのような批判は実は70年以上も前から見られたものなのだが，必ずしも正確に理解されているとは言えないようにも思われる[7]。そこで，まずこの「理由」を敷衍しておこう。

---

　6)　過去（昭和41年頃）に遡って見ると，ホフマン方式が広く用いられていた（拙著〔9〕p.160)。それはライプニッツ法は複利なので計算が煩雑であり，その結果，資金を「複利で利殖することは，単利に比して可能性が少なかった」からだとも言われている（勝本〔3〕p.206)。しかしこの理由は電卓やパソコンが普及した現在では当てはまらない。なおこの点については第4章の註4）を参照のこと。

　7)　このような「不合理」を指摘した最初の文献は昭和9年に発表された千種達夫氏の論攷〔7〕ではなかろうか。またこのことを理由にホフマン方式を排しライプニッツ方式を採用した判決として，例えば東京高判昭39.7.3．下級民集15-7．，東京地判昭46.5.6．交民4-3．などがある。ただし高野〔5〕はホフマン方式に対するこのような批判について，その「論理には左袒し難い」と言う。しかしその理由とされている文献〔3．p.111〕の計算は的外れではないか。また大島〔2〕も「この批判は誤解である」と言う。しかし「この批判」

金利5％，期間36年のホフマン係数の値は20.2745だから，受け取った逸失利益を年利5％で運用すれば，最初の年の期末に基礎収入の1.0137倍（＝20.2745×0.05）の利息が生まれる。従ってここから基礎収入（＝1）を控除してもなお利子が残るので，手許の元本そのものは減少するどころか逆に増加することになる。逸失利益というのは（既に述べたように），それを運用しながらそこから基礎収入を毎年控除して行くと，就業期間の終わりにちょうどゼロにならなければならないのだから，この結果は確かに「不合理」である。これに対し，期間36年のライプニッツ係数の値は16.5468であり，算定対象期間がより長期になっても20を超えることはないから，ホフマン係数の場合のように時の経過にともない元本が増加し続けるという不合理は生じない[8]。

そこで問題は，ホフマン係数の場合，何故このような「不合理」が生じるかである。この点について『共同提言』は何も述べていないのだが，注意しなければならないのは，この説明ではライプニッツ係数についてはもちろんのことホフマン係数の場合でも，逸失利益に毎年5％の利息が複利で付くとされているということである。従って，もともと複利で運用されることを前提としたライプニッツ方式では何ら不合理は生じないが，単利で運用されることを前提としたホフマン方式によって求められた金額を複利で運用するとなると，（単利での）割引と（複利での）運用との間に食い違いがあるのだから必然的に不合理な結果が生じることになる[9]。

このことを期間3年のケースで説明する。表2.2に示したように，金利5％，期間3年のライプニッツ係数は2.7232だから，これを元本にして5％の率で運用し，そこから毎年基礎収入（＝1）を差し引いて行くと，3年目の期末には残金がちょうどゼロになる[10]。この結果は理屈

は論理を問題にしているのであって，氏が言う「現実の金利情勢」や利子についての「事実認定」とは無関係である。

8) ライプニッツ係数は一般に$\{1-(1+i)^{-n}\}/i$と示されるから，nを無限大とすると，この式は$1/i$となる（ただしiは利子率，nは算定期間）。したがって$i=0.05$ならばいかに期間を長くしようともライプニッツ係数が20を超えることはない。

9) この点を明確に指摘したのは谷水央[6]である。氏は「ホフマン法によるかぎり，賠償金の取得者がこれを複利的に利殖すれば，単利計算と複利計算の差額だけ利得するという不合理は免れない」と述べている。

3. 算定方式の検討

表 2.2 ホフマンとライプニッツ（仮設例）

	ホフマン法（係数 2.7310）	ライプニッツ法（係数 2.7232）
1 年目	2.7310(1+0.05)−1=1.8676	2.7232(1+0.05)−1=1.8594
2 年目	1.8676(1+0.05)−1=0.9609	1.8594(1+0.05)−1=0.9523
3 年目	0.9609(1+0.05)−1=0.0090	0.9523(1+0.05)−1=0.0000

に合っている。これに対しホフマン係数（2.7310）について同じ計算をすると、3年後には 0.0090 だけの賠償金が手許に残り、ゼロにはならない。なぜこのような不合理な結果になるのだろうか。このプロセスでは逸失利益の生む利子が毎期計算されるのだから、1年目の利子が2年目には更に利子を生むことになっている。これは複利計算である。複利だからこそ単利のホフマン係数では不合理な結果が生まれるのである[11]。

では、ホフマン係数の場合にこのような不合理を生じさせないためには、どのような運用方法（単利の運用方法）を考えればよいのだろうか。

3年のホフマン係数は 2.7310 だが、これを一括して運用するのではなく、0.9524, 0.9091, 0.8695 に 3 分割し、それぞれを1年間、2年間、3年間、単利で運用すればよい。そうすれば 0.9524 は 1 年後に、0.9091 は 2 年後に、0.8695 は 3 年後に、それぞれ 1 になる。ここでは不合理は生じない[12]。

しかし現実の問題として、誰がこのような運用方法を採るだろうか。それが非現実的なものであることは明らかだろう。現実にはありえないような運用方法だからこそ、三地裁の『共同提言』も、将来所得を単利

---

10) このような表は既に谷水〔6〕に示されている。

11) なおこの例で分かるように、ホフマン係数は就業期間が36年以上のケースに限って不合理な結果を生むというものではない。逸失利益を5％の利率で運用しながらそこから基礎収入を控除して行っても、就業期間の終了した時点で依然として資金が残っているという点でホフマン係数は、就業期間の長さに関係なく、不合理な結果を生むのである。簡単な計算で確かめられることだが、就業期間が10年であればその時点で基礎収入の36％に相当する資金が残り、就業期間が20年であれば基礎収入の 3.06 倍の資金が残ることになる。ただ、就業期間が36年以上になると、時間の経過に従い逸失利益が逆に増加し続けるということになり、その不合理さが顕著になるだけである。

12) 念のために記せば
　0.9524(1+0.05)=1, 0.9091(1+0.05×2)=1, 0.8695(1+0.05×3)=1
である。

で割り引いておきながら，その妥当性を吟味する段階で無意識のうちに逸失利益を複利で運用するという矛盾した方法を用いてしまっているのである。このような矛盾を含む以上，論理必然的にホフマン法は合理性を欠くことになる。

以上のことは次のように要約できよう。逸失利益というのは将来の所得を年ごとに割り引いて算出されるのだが，時の流れを逆にすれば，これは被害者は受け取った逸失利益の利子を年ごとに計算しそれを元の資金に追加（しそこから各期の基礎収入を控除）するということである。これは1年目の利子が2年目にさらに利子を生むという1年ごとの複利計算である。逸失利益というのはもともと複利計算（ライプニッツ法）に基づく考え方に拠るものであって，単利計算（ホフマン法）には馴染まない性質のものなのである[13]。

このように考えると，逸失利益の算定ではホフマン係数を用いるべきではないとする主張の根拠は，ホフマン方式それ自体が不合理だからということにあるのではないことが分かる。資金の運用が複利で行われるのが社会の常態であるばかりか，逸失利益そのものが複利計算に基づく考え方に拠っているにもかかわらず，ホフマン方式は単利での運用を前提としているからこそ結果が不合理なものになってしまうのである。したがって『共同提言』が述べている理由は，「現今貨幣資本はすべて複利で運用されている」のが実態だから，逸失利益の算定は「ライプニッツ方式に則るべき」であるとした35年余り前の東京地裁の判決（東京地判昭46.5.6. 交民4-3.）と本質的には何ら異なるものではない。『共同提言』は35年余りも前の論理を反復したにすぎないのである[14]。

以上に述べたように，逸失利益の算定においては，基礎収入として（初任給ではなく）全年齢平均を用い，（ホフマンではなく）ライプニッツ方式でそれを割り引くという東京方式を採用するという『共同提言』の結論は，それだけを取り出せば確かに間違ってはいない。しかしそこに至るまでの論理は脆弱であるという謗りは免れ難いだろう。どうしてなのだろうか。

---

13) 「単利か複利か」については第6章および第9章3. でも触れている。
14) 更に言えば，註7）に示したように，昭和9年にまで遡ることができる。

3．算定方式の検討　　　　　　23

　それは二つの算定方式が併存しどちらを用いるかが裁判所の所在地によって決められているという状況に，裁判所自身が疑問を感じたことから『共同提言』が生まれたのではないからではなかろうか。この『共同提言』は，逸失利益の算定における地域間格差が社会問題になったという外的な圧力をきっかけにしてまとめられたものであって，この格差を裁判所自身が疑問としたという内的な動機から生まれたものではない。その結果，二つの算定方式をきちんと理解した上でどちらを用いるべきかを論理的に決めるという思考プロセスは採られていない。だからこそ，なぜ東京方式なのかについては「基礎収入の認定方法と中間利息の控除方法とを，具体的妥当性をもって整合的に関連させることが必要である」という極めて曖昧で具体性を欠いた「理由」が述べられたり，古くからの議論が機械的に反復されたりしているのである。

　更に言えば，表2.1は『共同提言』に至る迄の間，裁判官は赴任地の慣習に従って算定方式を決定してきたことを示しているだけではなく，平成12年以降，彼らが確たる理由があって東京方式を選ぶようになったのではないことをも暗に示している。彼らは単に『共同提言』に追随したにすぎないのである。だからこそ斯くも見事な「統一」が現れているのである。表2.1に示された変化は，それぞれの裁判官が「その良心に従い独立してその職権を行」った（憲法第76条）ことからではなく，彼らの行動原理が組織の大勢に対する順応でしかなかったことから生まれた帰結にすぎないのである。事故の犠牲になった人間の逸失利益をどのような方法で算定すべきか，という問題の本質は裁判官の脳裡からは脱け落ちてしまっていたのである。

(3)　単純平均と加重平均
(i)　男女間格差
　次に基礎収入として用いられる『賃金センサス』の「平均値」について検討する。

　被害者が幼児や学生である場合だけではなく，給与所得者である場合においても，逸失利益を算定するための基礎収入として『賃金センサス』の全年齢平均給与額が用いられることが多い。これは正しい方法なのだろうか。

第 2 章　逸失利益の算定

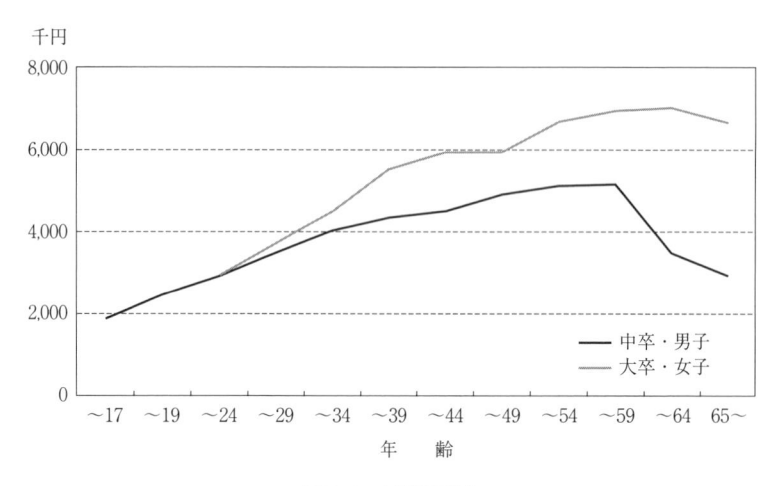

```
千円
8,000

6,000

4,000

2,000

   0
     ～17  ～19  ～24  ～29  ～34  ～39  ～44  ～49  ～54  ～59  ～64  65～
                                  年　齢
                    ── 中卒・男子
                    ── 大卒・女子
```

図 2.1　年齢別賃金

　逸失利益というのは，被害者が事故に遭うことなく人並みに就業できていたとすれば，その間に得たであろう収入の額（正確にはその現在価値）だから，それを算定するための基礎収入として年収の平均値を用いるのであれば，それは被害者が退職するまでの間に得たであろう各年の収入を合計しそれを就業年数で割った値のものでなければならない。すなわち労働者の年齢別賃金の単純平均値が用いられるべきである。

　しかし『賃金センサス』の平均給与というのはそのような平均値ではない。『賃金センサス』というのはわが国の労働者全体の姿を示すものだから，そこでの全年齢平均賃金というのは全労働者の得た賃金総額を全労働者数で割った値である。これはわが国の労働者の年齢別構成比をウエートにした年齢別賃金の加重平均値であって，ある一人の労働者がその就業期間全般にわたって手にすることのできる年収の年当たりの平均値ではない。従って逸失利益の算定において『賃金センサス』の全年齢平均値＝加重平均値をそのまま用いると，基礎収入の値が，賃金水準だけではなく，わが国労働者の年齢別構成比によっても影響を受けることになる[15]。これは統計の誤用だから，このようにして算定された逸失

　15）　逸失利益を求めるために必要な平均賃金は $\sum w_i / n$（ただし w_i は年齢 i の労働者の平均賃金，n は就業年数）だが，『賃金センサス』のそれはわが国の全労働者が得た賃金総額を労働者総数で除したものだから $\sum w_i N_i / N = \sum w_i (N_i / N)$（ただし N_i は階層 i の労働者数，N は

3. 算定方式の検討　　25

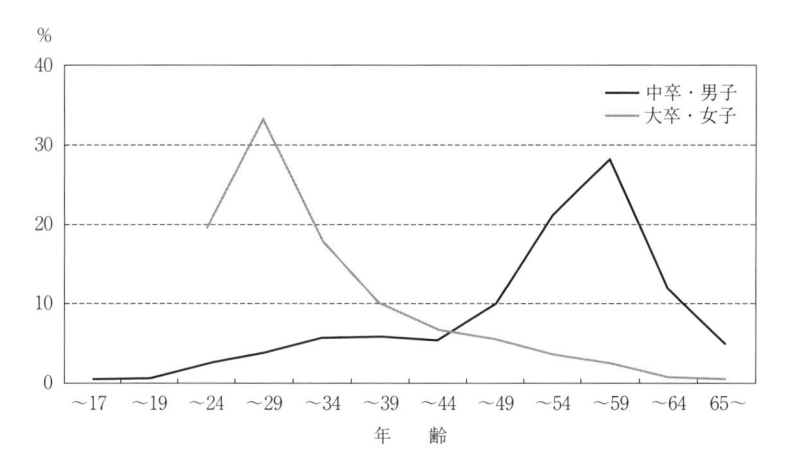

図2.2　年齢別構成比

利益は不当な結果を生むことになる。

　その最も顕著な例は逸失利益の男女間格差だろう。図2.1は『賃金センサス（平成16年）』から，中卒男子労働者と大卒女子労働者との年齢階層別賃金をグラフで示したものである。大卒女子労働者の賃金は総ての年齢階層において中卒男子労働者のそれを上回っているのだから，逸失利益を算定する場合の平均賃金は大卒女子労働者の額が中卒男子労働者のそれよりも大きくなければならないはずである。ところが『賃金センサス』では大卒女子労働者の平均賃金は4,374.8（千）円で，中卒男子労働者の4,521.1（千）円に及ばない。この数値をそのまま用いて逸失利益を算出するという現行の方法はどこかで論理的な誤りを犯しているのではないか。

　なぜこのようなことになるのだろうか。それを考えるためには大卒女子労働者と中卒男子労働者との年層別構成比を示した図2.2が有用である。この図では，大卒女子労働者の構成比が20歳台後半でピークになっているのに対し，中卒男子労働者のそれは50歳台後半で最も高くなっている[16]。労働者の年齢別構成比が過去40年余りに亘る進学や就職

労働者総数，従ってN_i/Nは労働者の年齢別構成比）で示される。

　16）『賃金センサス（平成16年）』によれば，大卒女子労働者の平均年齢は32.7歳で，中卒男子労働者のそれは41.3歳である。

表2.3 二つの平均賃金

(単位：千円，%)

		加重平均	単純平均	加重／単純
	全労働者	4854.0	4687.5	103.6
男性	学歴計	5427.0	5138.7	105.6
	中卒	4521.1	3960.1	114.2
	高卒	4901.3	4624.7	106.0
	短大卒	4838.5	5068.0	95.5
	大卒	6574.8	6829.0	96.3
女性	学歴計	3502.2	3457.9	101.3
	中卒	2680.1	2456.9	109.1
	高卒	3123.4	3067.7	101.8
	短大卒	3769.3	4045.8	93.2
	大卒	4374.8	5623.2	77.8
格差(男／女)				
	学歴計	155.0	148.6	
	中 卒	168.7	161.2	
	高 卒	156.9	150.8	
	短大卒	128.4	125.3	
	大 卒	150.3	121.4	

*) 『賃金センサス』(平成16年版) より作成
短大卒は高専卒を含む

や退職などについての社会の動きを集約的に示しているからである。『賃金センサス』の平均賃金というは労働者の年齢階層別構成比をウエートにした加重平均値だから，このような社会の動きが平均賃金の値にもろに影響を与える。その結果，大卒女子労働者では20歳台の労働者の賃金額が全体の平均値に大きく作用し，中卒男子労働者では逆に50歳台の人の賃金額が平均値に大きな影響を与えることになる。近年その傾向は弱まってきていると言われてはいるが，わが国の賃金体系は図2.1が示すように，年功序列的な性格のものだから，『賃金センサス』では中卒男子労働者の平均賃金が大卒女子労働者のそれよりも高くなっても不思議ではない。問題は過去40年余りの社会の動きを反映するような平均値をある個人の逸失利益の算定にそのまま用いることの是非で

3. 算定方式の検討

ある。

　次に，以上のことを念頭に置いたうえで，『賃金センサス』の平均値を用いることが逸失利益の男女間格差にどのような歪みをもたらすかを，より一般的な見地から見ておこう。

　表 2.3 は平成 16 年の『賃金センサス』を基にして求めた男女別の単純平均賃金を，『賃金センサス』に示されている平均賃金＝加重平均値とともに示したものである[17]。この表から次のことが分かる。

　（ⅰ）どちらの平均値についても，男性労働者の平均賃金は，すべての学歴層において，女性労働者のそれよりも高いのだが，この男女間格差は単純平均よりも加重平均において，より大きく現れる。

　『賃金センサス』を用いて逸失利益を算定する限り，男性の被害者と女性の被害者との間に格差が生じるのは，それが労働市場の実態を反映している以上やむを得ないと一般には考えられている。賃金の男女間格差が現に存在する以上，逸失利益がそのような格差を反映して当然だというこのような見方が，人間の生命に対する損害賠償にそのまま当てはまるか否かは検討されなければならない問題だが[18]，これを措くとしても，表 2.3 を見る限り，加重平均による現行の方法での男女間格差は単純平均による現実のそれよりも拡大されていることは否定できない[19]。

　（ⅱ）表 2.3 に示した単純平均値に対する加重平均値の比率から明らかなように，加重平均値を用いる現行の方法では，中卒・高卒の労働者がより有利に，大卒・短大高専卒の労働者がより不利になっている[20]。

---

　17) ここでの単純平均値というのは『賃金センサス』の各年齢階層（原則として 5 歳きざみ）の平均賃金を合計し，それを就業可能年数で除した値である。しかし各階層の平均賃金そのものが加重平均値なので，それを基にして計算されたこの値は厳密な意味での「単純」平均ではない。この誤差は資料として『賃金センサス』を用いる限り避けられない。

　18) これは仮定の話だが，平成 13 年に起きた大阪教育大学付属池田小学校の児童殺傷事件で，現行の算定方法に拠った結果，犠牲になった女子児童の逸失利益が男子児童のそれよりも低くなったとき，それを「市場の実態だから当然」とする説明にどれほどの説得力があるだろうか。

　19) もっとも，時系列的に見れば，何れの指標においても，男女間の格差そのものは縮小傾向にある。

　20) 平成 16 年以外の『賃金センサス』によっても，このような傾向は認められる。ただし加重平均を用いることによる大卒労働者の不利さは明らかに減少傾向を示している。

高学歴化が進んだ結果，中・高卒で就職する人の比率が低下し（したがってこの学歴層では労働者の高年齢化が進み），逆に大学に進学する人の比率が増加した（したがってここでは労働者の低年齢化が進んだ）からである。

　これは，『賃金センサス』の加重平均値が，賃金水準そのものだけではなく，ウエートという形で，過去50年余りに亘る進学・就職・中途退職などの，社会全体の動きをも反映していることの帰結である。したがって逸失利益の算定において『賃金センサス』の加重平均値をそのまま用いると，過去の社会状況の変化を現時点の若い被害者が集約的に背負うことになり，若い被害者とりわけ若い女性の被害者が不利を被ることになる。

　ではこれら2つが総合されるとどういうことになるのだろうか。このことを見るために一つの判決（岡山地判平16.6.22. 交民37-3.）を採り上げる。

　死亡当時21歳の女子大学生であった被害者の逸失利益の算定にあたり，岡山地裁はその基礎収入を『賃金センサス（平成14年）』の（産業計・企業規模計）大卒女子の平均所得額4,465.0（千）円としている。この金額を用いる理由としてこの判決は，それが「現在における支配的な雇用形態や賃金体系等の下における事実として存在する客観的な男女間の平均賃金額を示し」ており，従って「その単純な利用が明らかに不相当な場合には事案に則した適切な修正を施すべきことは当然であるとしても，そうでない場合には」この数値を用いることが「損害の公平な分担の理念に沿うものと解される」からだと述べている。

　これは憶測だが，このように判断したとき，大卒女子の平均賃金との比較の対象として裁判官の頭の中にあったのは大卒男子労働者の平均賃金6,744.7（千）円だけだったのではなかろうか。しかし，同じ『賃金センサス』で中卒男子労働者の平均賃金を調べると4,649.6（千）円と，大卒女子のそれよりも高くなっている[21]。このような格差をも「男女間の賃金格差を客観的に反映したもの」と捉えてよいのだろうか。むしろこれは『賃金センサス』の「単純な利用が明らかに不相当な場合」（傍

　21）　これは『青本』や『赤本』に掲載されている表を見れば直ぐに分かることである。

点は引用者）に相当し，従って「事案に則した適切な修正を施すべき」ケースだと捉えるべきではないのだろうか。岡山地裁は「平均値」の意味を的確に捉えておらず，その結果，不公平な判断をしてしまっている。

（ii） 学齢と逸失利益

基礎収入として『賃金センサス』の加重平均値を用いることについてはもう一つ指摘しておきたい点がある。現行の損害賠償算定基準を解説している『青本』には「年齢の低い男児について大卒センサスで算定を行う場合，稼働始期が4年間遅くなり，稼働期間もその分，短縮されるため，学歴計センサスで18歳から稼働するとして算定した場合より，損害額が少なくなる場合があることに留意すべきである」と書かれている（『青本』21訂版 p.121-122.）。

『青本』が言うように，年少の被害者については，その学歴が不確定だから，基礎収入として『賃金センサス』の産業計・企業規模計・学歴計の平均賃金を用い，就業期間を18歳から67歳までの49年間とした（5％の）ライプニッツ係数を適用して逸失利益を算定することがよく行われる。この場合，被害者を例えば10歳の男児として『賃金センサス（平成16年）』を基に逸失所得を計算すると

　　5427.0×12.2973＝66737.4（千円）

になる。

これに対し同じ被害者を大卒と想定し，22歳から67歳まで就労するとすれば，その逸失所得は

　　6574.8×9.8973＝65072.3（千円）

となり，学歴計とした場合よりも低くなる[22]。学歴計の平均賃金を用いるというのは，被害者が大学に進学する可能性を含めながら18歳から就労するということだから（逆に中卒の可能性もあるにしろ）その逸失所得の値が被害者が大卒の場合よりも高くなったとしても，社会的な通念からはともかく，理屈としては必ずしもおかしいわけではない。

---

22) ここでは被害者を10歳の男児として説明したが，同じような議論は被害者が18歳以下の男性であれば，年齢に関係なく（また平成16年以外の統計についても）成立する。「年齢の低い男児について……（大卒被害者の）損害額が（学歴計のそれよりも）少なくなる場合がある」（傍点は引用者）という『青本』の文言は正確さを欠いている。

しかし，『青本』は触れてはいないのだが，更に「留意すべき」ことがある。いま，この被害者が中卒で就職し15歳から67歳まで就業するとして逸失所得を計算すると

  4,521.1×14.4311＝65,244.4（千円）

となり，大卒のそれよりも大きくなる。金額だけからすれば，被害者を大卒とするよりも中卒とした方が有利だというのだが，こうなると，この結果は社会的通念に照らして不自然だと思わざるをえない。問題はなぜこのような結果になるのか，である。

そこで同じような計算を単純平均値を基礎収入として行ってみる。その結果は

  中卒 3960.1×14.4311＝57148.6（千円）
  大卒 6829.0×9.8973＝67588.6（千円）
  学歴計 5138.7×12.2973＝63192.1（千円）

となり，逸失所得の大小関係は極めて常識的なものになる。上に示した非現実的な結果は基礎収入を『賃金センサス』の加重平均値としたことによって生じている。単純平均値を用いればこのような「留意すべき」現象は起こらない[23]。

『賃金センサス』を用いて被害者の基礎収入を求める場合には，そこに示されている加重平均値ではなく，被害者の就労期間に亘っての単純平均値が用いられるべきである，というのが本項（3）の分析の結論である。しかしこのような主張に対しては，「どちらによっても金額にさほどの差はない」とか，「単純平均値を用いれば逸失利益が減少することになる」とか，という反論がなされるかもしれない。単純平均値と加重平均値の差が比較的大きいのは，現在では極めて希な中卒労働者の場合であり，また被害者が幼児や小・中学生の場合によく用いられる学歴計の平均では，単純平均を用いると現行の加重平均の場合よりも金額は確かに減少する。しかし，逸失利益の算定においてどのような平均値を用いるかという問題で大切なのは，金額の多寡ではなく，どれが理屈に

---

23) 同じような議論は平成16年以前の統計についても成立する。ただし加重平均を用いると，平成12年以前では，中卒労働者の数値の方が学歴計のそれよりも高い。

合っているか，ということではないのだろうか。結果としての金額ではなく用いられる平均値の意味こそが重視されるべきではないのか。逸失利益の算定というのは，金額の多寡を重視すべしというものではない。本書の冒頭で指摘したように，本来，貨幣で評価できない人間の生命を敢えて金額で示さざるをえないという逸失利益の算定においては，その算定方法が理に適っているかどうか，それが現実に則したものであるかどうか，が何よりも重視されるべきである。逸失利益の算定では，本章の前半で述べたライプニッツ方式かホフマン方式かという議論でもそうであったように，算出された金額の「多寡」ではなく，それを算出する方法の「質」こそが問われるべきなのである。

引用文献

〔1〕 井上繁規，他「交通事故による逸失利益の算定方法についての共同提言」，『判例時報』1692.（2000.1.11.）
〔2〕 大島眞一「ライプニッツ方式とホフマン方式」，『判例タイムズ』1228.（2007.3.1.）
〔3〕 勝本正晃『債権法概論（総論）』有斐閣，1949.
〔4〕 損害賠償算定基準研究会 『注解 交通損害賠償算定基準（初版）』ぎょうせい，1989.
〔5〕 高野真人「中間利息の控除について」，『法律のひろば』2001.12.
〔6〕 谷水央「民事交通事故訴訟の問題点」，『判例タイムズ』202.（1967.4.）
〔7〕 千種達夫「身体侵害による将来の利益の現在価額計算方法」，『法律時報』6-8.（1934.8.）
〔8〕 二木雄策「逸失利益は正しく計算されているか──経済学的視点からの検討」，『ジュリスト』1039.（1994.2.15.）
〔9〕 同 『交通死』，岩波新書，1997.

第 3 章

逸失利益は公正か（1）
―― 成長とインフレ ――

1. 公正な逸失利益とは

　前章で述べたように，現在用いられている逸失利益の算定方法は，詰まるところ，被害者の基礎収入に就業期間に応じたライプニッツ係数を乗じる，というものである。この方法は公正な結果をもたらすのだろうか。もたらさないとすれば，その原因はどの辺りにあるのだろうか。以下ではこの問題を一つの仮設例を基にして考える。

　いま，昭和40年にある交通事故が発生し，18歳の平均的な労働者が死亡したとする[1]。『賃金センサス』によればこの年の全労働者の平均賃金（全年齢平均）は447.6（千）円であるからこれを基礎収入とする。また，この被害者はこれから先，67歳で定年を迎えるまで49年間就労することができたはずだと想定されるから，そのライプニッツ係数は，利子率（＝割引率）を5％とすると18.1687になる。これらから，一般に広く用いられている方法（いわゆる東京方式）によってこの被害者の逸失所得を求めると
　　447.6×18.1687＝8132.3（千円）
となる[2]。

　問題はこの逸失利益が公正なものかどうかである。このことを確かめ

---

　1) ここで「平均的」というのは，男女双方を含んだ全労働者についての平均という意を含んでいる。
　2) ただしここでも生活費控除を無視している。

第3章 逸失利益は公正か（1）

表3.1 逸失利益の残存期間（所得変化の影響）

ケース	割引率(%)	ライプニッツ係数	運用利率(%)	逸失利益(千円)	控除額	消滅期(歳)
A	5.0	18.1687	5.0	8132.3	基準時の名目所得 = 4126.7（基礎収入）	67
B	5.0	18.1687	5.0	8132.3	各時点の名目所得	29
C	5.0	18.1687	5.0	8132.3	基準時の実質所得 = 4126.7 ×物価騰貴率	33

るために，この金額を受け取った被害者が，それを5％の率で運用しながら，毎年，平均賃金の447.6（千）円を控除して行くと想定する。この場合には当然のことながら，被害者が67歳の定年を迎えるであろう平成26年に残金はちょうどゼロになる（表3.1のケースA）。従ってこの逸失所得は公正に算定されている，というのが一般的な考え方である。

しかし，ここで想定されている状況が現実から遠くかけ離れたものであることは誰の目にも明らかだろう。被害者の就業期間中，経済は変動し，それに応じて当人が得たであろう所得額は変化したはずなのだが，毎年控除される所得は昭和40年の『賃金センサス』の数値のままだとされているからである。これは全く非現実的な想定である。時間の経過にともない経済は成長し，それに応じて賃金水準もまた上昇するというのが経済の一般的な動きだから，逸失利益から控除される所得もこの動きを反映したものでなければ算定結果が公正なものか否かの判断はできないからである。

そこで昭和41年以降については，それぞれの年の『賃金センサス』に示された全年齢平均賃金を逸失利益から差し引いて行くとする。そうすると，事故から僅か12年後，被害者が29歳の時に資金は早くも底をついてしまうことが分かる（表3.1のケースB）。定年退職の40年近くも前に費消されてしまうような逸失利益が公正なものであるとはとても言うことはできない（図3.1を参照）。

これら二つのケースは，逸失利益から控除される被害者の将来所得（言い換えれば逸失利益が補償する所得）を，一方が事故時点のままであるとし，他方が将来の実現値そのものであるとしている点で両極端に位置すると見てよいのだが，ここでは逸失利益が公正なものか否かは，算

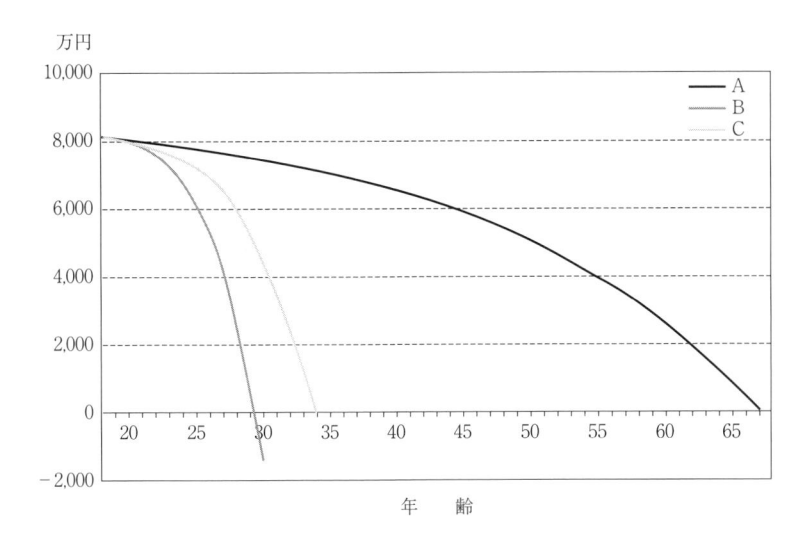

図3.1 逸失利益の残高（所得変化の影響）

定のための基礎収入をどのようなものとするか，に大きく依存していることに留意しなければならない。これは当然のことだろう。逸失利益というのは被害者の将来の所得に他ならないのだから，それが公正なものであるか否かは，被害者の将来の所得をその算定にいかに反映させるかに大きく依存するからである。

では，逸失利益の算定において，裁判所は被害者の将来所得をこれまでどのようなものとしてきたのだろうか。次節以降ではこのことを検討する。ただしそのためには前もって，所得の変化を次のように分類しておくことが有用だろう。

第一のタイプの変化は，被害者がもし事故に遭わずに生きていたとすれば，たとい経済情勢が変わらず，従って事故時点の賃金体系がそのまま維持されたとしても，なおかつ生じたであろう所得の変化である。『賃金センサス』を基にして言えば，事故時点の資料をそのまま使ってその後の年収を決めるとしても，被害者の加齢に応じて用いられる統計の年齢階層が上がるから，それによって年収の変化が生じることになる。以下ではこれを「年齢要因による変化」と呼ぶ[3]。

---

3) 『賃金センサス』では5歳きざみで賃金額が示されているので，少なくとも5年を経

これに対し，時間の経過にともない経済情勢が変化する結果，賃金体系そのものが変化し，それに応じて被害者本人の所得もまた変わるという部分がある。通常，ベースアップと言われているものである。ただし経済学的な視点からすれば，この間に物価もまた変化するので，このベースアップ分は経済の実体そのものの成長という実質的な部分と，物価変動によって増加する見かけ上の部分とに分けられる。以下では前者を「経済成長による（実質的な）変化」，後者を「物価騰貴（あるいはインフレ）による（名目上の）変化」と呼ぶことにする。

2. 過去の判例

(1) 所得の成長

　戦後，交通事故が社会問題として意識され始めたのは，事故による死者の数が年間 6 千人を超えた昭和 20 年代末から 30 年代初めにかけてだと見てよいのだが，その頃，被害者の逸失利益はどのようにして算出されていたのだろうか。まずこのことをいくつかの判例を基にして見ておこう。

　例えば昭和 22 年 5 月に死亡した 22 歳の会社員に対する逸失利益の算定において，神戸地判（昭 25.6.8. 下民集 1-6.）は，被害者と同じ学歴を持ち，同じ頃入社した同僚（以下 A）の手取り収入を事故から結審までの 3 カ年について調べ，それを基にして被害者の逸失利益を算定するという方法を採っている。即ち，事故からの 2 年間については被害者は A と同額の年収を得るとし，3 年目以降，平均余命に達するまでの 39 年間については，その間 A の収入が 3 年目の額を下回らないことは明らかだから，被害者は事故から 3 年後の A の年収と「同額の年収を取得し得たものと解するのが相当である」としている。その理由として裁判所は「当時はインフレーションの進行中で名目賃金の上昇過程にあったことは当裁判所に顕著であるから当時この程度の収入の増加はこれを予測し得た」からだと言う。

―――――――――――
過すれば年収の「年齢要因による変化」が生じることになる。

同じような判断は大津地判（昭 27.5.24. 下民集 3-5.）によってもなされている。即ち，事故当時（昭 21.4.22.）48 歳 6 月であった被害者（京都市職員）と「同程度の地位にあり，扶養家族相似た事情にあった」職場の同僚（以下 B）の収入を基準に，被害者は事故から 4 年目まではそれぞれの年の B の年収と同額の年収を得るものとし，4 年目以降については B の 4 年目と同額の年収を得るとしている。被害者はその間「少なくとも（B の年収と—引用者—）同額の収入を得ることができたものと解するのが相当」であるというわけである。そしてこのような判断の根拠として大津地裁は「当時は終戦後のインフレーションの傾向が既に顕れはじめておって，これが進行に伴い名目賃銀（ママ）の上昇する傾向にあったことは当裁判所に顕著な事実であるから当時この程度の収入増加は予見することが可能であった」と，前出の神戸地判と同じような理由を示している[4]。

　これら二つの判決は（ⅰ）事故から結審までの期間については，被害者の年収が当人に類似した同僚の俸給と同じだけ増加すると予測し，（ⅱ）それ以降，退職までは結審時の（同僚の）年収を適用する，という点に特徴が見られる。即ち，これらは被害者の年収の年齢要因による増分だけではなく物価騰貴によるベースアップによる増加分をも（即ちすべての増加分を）逸失利益の算定に反映させてはいるのだが，それは結審までの数年間に限定されたことであって，それ以降，定年までの間は結審時の所得がそのまま適用され，この間の所得変化は全く斟酌されていない。これは年収増加の根拠を「証拠」（ここでは同僚の年収増加という事実）に求めているということである。そしてこのように判断したことの根拠は，当時のわが国経済が「インフレーションの傾向」にあり，それに伴い「名目賃金の上昇」が見られたという事実認識にあったと言ってよい。これらの判決では「予測」ではなく「事実」が重視され，裁判所にとっての事実が存在する範囲内（具体的には結審までの間）でのみ基礎収入の変化が斟酌されているのである。

　このような方法を更に一歩前進させたのが大阪高判（昭 41.3.17.）と

　4）　この判決は原告，被告の双方によって控訴されたが，大阪高裁は逸失利益の算定方法に関しては原審の判断を支持している（昭 29.12.18. 下民集 5-12.）。

それを支持した最高裁判決（昭 43.8.27. 民集 22-8.）である。

　この案件は昭和 28 年 12 月に死亡した被害者（22 歳男子）の逸失利益の算定に関するものだが，原審の大阪高裁は次のような算定方法を用いた[5]。

　〈本人の同僚で「同程度の学歴，能力を有する者について」昇給率をみると，昭和 29 年度から 32 年度までは各年度，7.3％，7.0％，7.6％，9.2％，なので，被害者についてもこの間はこれらの昇給率を適用する。そして，昭和 33 年度から被害者が満 44 歳になる昭和 50 年度までは上記 4 年間の平均値 7.775％を，更に昭和 51 年度から定年（満 55 歳）の昭和 61 年度までは平均値よりも低い 5 ％を，それぞれ適用することで各年の給与額を求める。このように想定した上でホフマン法（割引率 5 ％）によってそれらを現価に換算して逸失利益を算定する。〉

　この方法の特徴は，「証拠」とされる事実をこれまでのように所得水準ではなくその成長率とすることによって，結果として，給与が増加する期間を（事実の存在する結審までの数年間という限定されたものではなく）被害者の定年に至るまでの全期間としたことにある。これは基礎収入について一種の「予測」を行ったということであり，この点でこの高裁判決は従来の判決よりも一歩前進していると言ってよい。

　これに対し加害者側は，「平均はあくまでも平均」であって，将来，被害者についてこの平均成長率が実現するというわけではないのだから，「算定された平均値の蓋然性に疑いがあるのに，将来 18 年間を通じて，この平均値によって昇給されるとしたことは違法である」として上告した。しかし最高裁は以下のような理由でこの上告を棄却している。

　〈逸失利益の算定にあたっては「裁判所はあらゆる証拠資料を総合し，経験則を活用して，でき得るかぎり蓋然性のある額を算出するよう努めるべき」であるから「客観的に相当程度の蓋然性をもって予測される収益の額を算出することができる場合には，その限度で損害の発生を認めなければならない」。そして被害者が「生存して

5）　本件第一審（神戸地裁尼崎支部昭 30.11.17.）では，被告が口頭弁論期日に出頭せず答弁書などの準備書面も提出しなかったので，訴訟の内容についての判断は事実上，行われていない。一審判決に言及していないのはこのためである。

2. 過去の判例

いたならば将来昇給等による収入の増加を得たであろうことが，証拠に基づいて相当の確かさをもって推定できる場合には……（その金額を—引用者—）予測し得る範囲で控え目に見積って，これを基礎として将来の得べかりし収入額を算出することも許される」。被害者の収入が高裁の判断したように昇給することは「確実であるとはいえないにしても，相当程度の蓋然性があるものと認められないことはなく，このような平均値的な昇給率によって予̇測̇された昇給をしんしゃくして将来の収入を定めることは，なお控え目な算定方法にとどまるものとして是認することができる」（傍点は引用者）からである。〉

この最高裁判決は，既存の証拠だけではなくそれに基づく予̇測̇にも重点を置いている。その結果，この判決は逸失利益の算定において，年齢要因だけではなくベースアップをも全就労期間に亘って斟酌しており，この点でそれまでの流れとの間に一線を画したものになっていると言ってよい。

しかしながら最高裁のこの判断はその後の裁判で継承されることはなかった。昭和44年以降，年齢要因による所得増加は認めても，ベースアップ，なかんずくインフレによるそれは考慮しないとする判決が続いたのである。事態は明らかに後退した。なぜなのだろうか。

このことを考えるために，まず事態の後退を示すような判例をいくつか列挙してみよう。

（1） 神戸地裁姫路支判（昭44.7.18. 交民2-4.）は，被害者が26歳の男子（大企業の社員）であったケースで，事故時点での給与表を用いて被害者の逸失利益を算定した。この方法によれば，被害者の年齢要因による昇給は逸失利益に反映されるが，用いられる給与表が事故時点のものに固定されるから，将来のベースアップは一切考慮されないことになる[6]。

---

6) なお，この判決文では逸失利益とあるべきところが逸出利益となっている。『交民』は判決の原本そのものではないから確たることは言えないが，当時，逸失利益という語は必ずしも一般的なものではなかったのだろう。実際，この頃はよく「得べかりし利益」という表現がよく用いられていた（例えば神戸地判昭25.6.8. 大阪高判昭29.12.18. 最判昭43.8.27. 東京地判昭44.1.16. 大阪地判昭44.11.10. など）。

（2）　東京地判（昭45.3.18. 判時590.）は19歳男子（会社の運転手）の死亡事故で，被害者が死亡した基準時において「すでに将来の稼働能力と評価しうるような高い蓋然性をもって予定されている昇給については格別，……企業の発展，貨幣価値の下落等経済情勢の変化にともなういわゆるベースアップは，特定の事情がない限り，逸失利益の算定にあたり考慮すべきでない」とした。

（3）　東京地判（昭45.3.20. 判時590.）は50歳男子（私立学校職員）が死亡した事故で，被害者側が将来の昇給を定期昇給分とベースアップ分とに分けた上で逸失利益を請求したのに対し，前者については「昇給が法令又は契約にもとづく権利として認められる場合，または昇給の実現，昇給率……に合理的に疑いを容れない程度に確実なものと信じられる場合」には「昇給を得べかりし利益の一部として認める」が，後者については「逸失利益の算定にあたり，ベースアップ分を考慮することは相当ではない」とした。

（4）　札幌地判（昭47.2.12. 交民5-1.）は44歳の男子公務員が死亡した事故で，死亡時点での国家公務員行政職給与表に基づいた昇給（年齢要因による昇給）を認めたが，ベースアップについては「実質賃金の上昇分については，それが立証される限りにおいて……考慮してよいのは当然である」が「貨幣賃金の変動したことによって発生する名目賃金としての上昇部分については……これを考慮すべきではない」とした[7]。

（5）　東京高判（昭47.12.23. 交民5-6.）は25歳男子会社員が死亡したケースで，昇給分を逸失利益の一部として認めるためには，それが「法令または契約に基づく権利として認められている場合または昇給の実現と昇給率……に合理的に疑いを容れない程度に確実なものと信じられる……場合であることが必要」だとして，年齢要因による昇給部分については条件付きでそれを認めた。しかしベースアップ分については，それを「考慮することは相当ではない」とした。これは前出の判例（3）の判断と全く同じだと言ってよい。

これらの判決については，次の点に注意しなければならない。

まず，これらの判決は原則的には年齢要因による昇給を認めるのだが，

---

[7]　ただし，口頭弁論終結時までのベースアップは認めている。

そのためには昇給が確たる証拠によって裏付けられなければならないとしている。例えば判例（3）及び（5）は年齢要因による昇給が「法令または契約にもとづく権利として認められる」か，または昇給の実現が「合理的な疑いを容れない程度に確実なものと信じられる場合」であることを条件とし，また判決（2）は，その昇給が「基準時においてすでに高い蓋然性をもって予定されている」ことを条件としている。ただしこれら三つの判決では，結局のところ，年齢要因による昇給は逸失利益に反映されていない。昇給の「証拠がない」からである。その結果，年齢要因による昇給が認められたのは，被害者の死亡時において明確な給与基準が存在する二つの場合（被害者が大企業の社員である判決（1）と国家公務員である判決（4））に限られてしまう。

次にベースアップを逸失利益の算定に反映させるか否かであるが，この点になると，これらの判決の間には見解の相違が見られる。

まず判例（1）は結果的にはベースアップを一切考慮しないのだが，その理由については何も述べていない。

判例（2）は「ベースアップは，特段の事情がない限り，逸失利益の算定にあたり考慮すべきでない」としているのだが，その理由は「逸失利益は（被害者の）死亡の時を基準に算定すべき」だからであると言う。ベースアップというのは，逸失利益算定基準時（被害者死亡時）以降のことだからそれを考慮しないというのである。従って本人が死亡した時点で「28,000円程度の月給を得ていた」同僚が事故から4年8ヶ月後の証人尋問時に「6～7万円の月給を得ていることが認められ，これによると（被害者本人も）生存しておれば同程度の給与を得ているものと推認」されるが「だからといって，右事実に基づいて（被害者の）逸失利益を算定するのは妥当でない」ということになる。この論理は，その当否は別にして，きわめて明快である。

これに対し，判例（3），（5）も逸失利益の算定にベースアップ分を反映させることに対しては否定的な立場を採るのだが，その理由はいささか曖昧である。これらの判決は「ベースアップは企業の発展，貨幣価値の下落等，経済変動等にともない賃金を上昇させるものであって，これによって，直ちにベースアップ分全額が実質賃金の上昇をもたらすものといえるかどうかは疑問である」と述べているのだが，この文章の論

旨は必ずしも明確ではない。理論的には，ベースアップのうち実質的な部分は逸失利益に反映させるべきなのだが，実際問題としてはベースアップ分を実質的な部分と名目的な部分とに分割することはできないのだから，それを逸失利益の算定に反映させるべきではない，ということなのだろうか。ベースアップのうち逸失利益に加えるべき実質的な増加分だけを全体から分離することができない以上，それを逸失利益に反映させようとすると，算入すべきではない見かけ上の増加分までもが逸失利益に含まれることになってしまうからだというわけである。

しかしベースアップを実質的な賃金上昇の部分と物価騰貴による見かけ上の部分とに分解することは（例えば名目経済成長率を実質成長率と物価騰貴率とに分解できるように）可能なのだから，実質的なベースアップ分だけを逸失利益の算定に反映させることができないわけではない。そうなると問題はベースアップ分をどのように分解し，そのうちのどれだけを逸失利益に反映させるか，という算定方法の原則に関することになるのだが，これらの判決はこの原則については何も述べていない。

なお，この二つの判決は「逸失利益による損害額を現在の時点において全額受領し，これを利用に供しうる点」を考えると，「逸失利益の算定にあたり，ベースアップ分を考慮することは相当ではない」としている。しかしこの論理も分明ではない。被害者が逸失利益の全額を現時点で利用できることがどうしてベースアップ分を逸失利益に含ませないことの理由になるのだろうか。なるほど，逸失利益というのは，本来は時間の経過にともなって生じる所得を前もって一時に支払うもの，言い換えれば将来の購買力を現時点で行使できるというものだから，将来における変化を考慮する必要はない——むしろ考慮すべきではない——ように見えるかもしれない。しかし被害者が現時点で支出に充てることのできる金額は将来，手にすることができたはずの額そのものではなく，それを割り引いた額である。したがってインフレ率だけを考えたとしても，その率が割引率（＝運用利率）よりも大きければ現時点ですべての賠償金を財の購入に充てる方が有利だが，逆にインフレ率が運用利率よりも低ければ，受け取った賠償金をすぐに支出に充てるのは得策ではないということになる。受け取った賠償金をいつ支出するのが有利かというのは運用率とインフレ率との大小関係で決まる問題であって一義的に決ま

ることではない。だからこそ公平な逸失利益を算定するためには少なくともインフレ率を考慮に入れることが必須の条件になるのである。

他方，判決（4）はベースアップを「貨幣価値の下落に伴う名目額の修正としての要素と市場における労働力それ自体の高騰化，すなわち，実質賃金の上昇としての要素との二つの面」に明確に分けたうえで，「実質賃金の上昇分については，それが立証される限りにおいて，労働の喪失による損害額算定の基礎として考慮してよいのは当然であるが……貨幣価値が変動したことによって生じる名目賃金の上昇部分については，それが口頭弁論終結時までの間に具体的に生じた限りにおいて損害額算定の基礎とすれば足り，右時点以降についてはそれを考慮すべきものではない」としている。しかしこの叙述にも疑問はある。

第一に物価騰貴によるベースアップの上昇分は，なぜ口頭弁論終結時まで考慮されればそれで十分で，それ以降の変動分は，同じインフレによるものであっても，考慮すべきではないということになるのだろうか。言うまでもなく物価の変動は被害者の死亡時点から（予定）退職時点までの期間全般において生ずるし，口頭弁論終結時を境にしてインフレの質が変わるわけでもない。理論的に考える限り，物価変動の影響を途中で打ち切るのが当然だという論理は成り立たない。

第二に実質賃金の上昇分についてだが，判決は「それが立証される限りにおいて」算定の基礎とするのは「当然」としているのだが，実際にはこれも「口頭弁論終結時まで」という限定で認められているにすぎない。ベースアップについての過去の事実だけから今後も同様にベースアップがなされるだろうということを的確に予想できないし，もしそれができたとしても「そのうち，実質賃金上昇分がいかほどであるかを確知するに足る証拠はない」（傍点は引用者）からだというのがその理由である。

このように見てくると，少なくとも所得変化の取り扱いに関する限り，これらの判決は論理よりも証拠を優先させていることが分かる。いわゆる年齢要因の場合，これを逸失利益に反映させるためには法令または契約に基づくような給与表が証拠として存在しなければならないこと，ただし裁判の途中で給与改定などが行われ新しい給与表＝証拠が利用できるようになればその範囲内でのみ賃金の上昇が認められること，これら

は証拠の有無を基準にして逸失利益の算定が行われていることを示している。またベースアップについても，口頭弁論終結時を境にして，それまでのものだけを逸失利益に反映させるという判例（4）の考え方は明らかに証拠の有無を基準にしているし，「逸失利益は本人死亡の時を基準に算定すべし」とする判例（2）の考え方も，詰まるところは証拠主義だと言えよう。

　しかし，本質的に将来の事象である逸失利益の算定に厳密な意味での証拠を要求することはもともと「無い物ねだり」ではないのか。証拠というのは「事実の有無を確定する材料」であり，事実とは「本当にあった事柄」（『広辞苑』）だからである。証拠は本来的に過去のものである。しかし逸失利益というのは将来の所得の問題だから，その額は予測によって決まるのであって事実認定によるものではない。それにも拘わらず「証拠」を優先させそれに拘泥すれば，逸失利益に所得変化を反映させる余地はなくなってしまう。後藤孝典氏の言を借りれば「逸失利益という損害賠償額算定方式を許容する以上は，すくなくとも「将来のことに属するから」の一事をもって（所得増加の勘案を―引用者―）拒否することは論理として成立しえない」のである〔1〕。

　逸失利益の算定に所得変化をどのようにして，どれだけ反映させるか，という問題にとって重要なのは証拠の有無ではない。大切なのは，どうすれば公平・公正な逸失利益を算出することができるか，そのためには所得変化を斟酌すべきか否か，斟酌するとすればそれを算定方式の中にどのように取り入れるか，という算出方法についての原則こそが重要なのである。しかしここで採り上げた判決にこのような視点はない[8]。

(2) インフレーション

　これまで検討してきたいくつかの判例は，論理の詳細な相違はともか

---

8) なお，将来所得が算定期間中に変化するという本項で採り上げたようなケースでは，一定の基礎収入にライプニッツ（またはホフマン）係数を乗じて逸失利益を算定するという通常の方法は適用できない。これらのケースでは各年ごとに，将来所得からそれぞれに対応した中間利息を控除し，それらを足し合わせて逸失利益を算定するという方法が用いられている。例えば前掲の大阪高判昭41.3.17.民集22-8．，神戸地裁姫路支判昭44.7.18. 交民2-4．，札幌地判昭47.2.12. 交民5-1．など。

く，結果だけを取り出せば，年齢要因による所得の変化は俸給表などの証拠による裏付けが存在する限りはそれを認めるが，ベースアップについては，物価変動分によるものであれ経済の実質的成長によるものであれそれを認めない，というものだった。この結論は事故時点での本人の年収や特定年度の『賃金センサス』を基にして年収を決めるという現在の算定方式と軌を一にするものだと言ってよい。しかし，だからと言って上で採り上げた判決の流れがすんなりと現在の算定方式に到達したというわけではない。特に逸失利益の算定において物価騰貴を考慮する必要はないとした点については，いくつかの判決がそれとは異なった判断をしている。その背後には昭和30年代後半以降，二度のオイルショック（昭48と54年）を間にはさんで，わが国の物価騰貴が年率で優に5％を越えていた期間が長く続いたという現実のあったことは確かだろう。このような状況の下では，物価騰貴を逸失利益の算定に反映させない限り公正な逸失利益は算定できないのではないか，という問題意識が生まれても何の不思議もないだろう。そこで以下ではインフレに関する判決の流れを追ってみる。

まず，東京地判（昭48.8.21. 交民6-4.）を取り上げる。これは死亡した20歳の男子大学生の逸失利益を算定したものだが，被害者は「戦後20数年にわたり，毎年例外なく物価上昇は続き，それも年5分前後となっている。この事実から，将来年2～3分を下らない物価上昇は当然半永久的なもの」と思われるので「将来の元利合計をもってしても，（逸失利益には—引用者—）計算上予想される購買力はない」ことになり，これでは不公平であると主張する。

物価が騰貴すれば，通貨の購買力はその分，低下するのは自明のことである。実際，裁判所も「将来に及ぶ労働能力が金銭に化体することは，貨幣価値が低落し，あるいは維持されることの保障をみない現在にあっては，利殖能力やそれを満たす条件に恵まれない者にとって軽視することのできない経済的損失あるいは不安をもたらすことは否定できない」と述べることで，物価騰貴（＝貨幣価値の低落）が被害者に不利益をもたらすことを認めている。

ところがこの案件の被害者はこのような不利を除くために，中間利息の控除を通常のライプニッツ方式によってではなくホフマン方式で行う

ことを要求した。ホフマン方式よりも金額が低くなる「ライプニッツ方式による中間利息の控除は適切ではない」というわけである[9]。

　しかしこの論理は筋違いである。ライプニッツ方式かホフマン方式かというのは，事故時点で受け取った逸失利益をそれから先，複利で運用すると考えるか単利で運用すると考えるかという運用方法についての話であって，物価騰貴とは直接には結びつかないからである。判決文も言う通り，ライプニッツ法を用いるのは「貨幣価値の変動にかかわりのないこと」なのである。しかし被害者が貨幣価値の下落によって不利益を蒙ることは確かなことなので，裁判所はこの問題を「被害者側の個別的事情に応じ，慰謝料の算定に当たり重視すべき事情を成すものと言うべきである」とし，貨幣価値の変動による不利益を慰謝料の増額で填補しようとしている。

　この判決は原告・被告の双方によって控訴されたのだが，こと物価騰貴の取り扱い方に関する限り，東京高判（昭 49.12.17. 交民 7-6.）は一審の判断を支持している。「毎年物価が騰貴し，貨幣価値が下落する……現在においては……逸失利益をそのまま金融機関に預け入れ複利計算による運用をしても，物価の上昇率と預金の利率との相関関係如何によっては必ずしも実質的には利殖したとはいえないことがあり得る」から「ライプニッツ方式を採用することは恒常的インフレ傾向の下では，実質上，被害者側に酷な場合のあること」は否定できない。しかし，この不利益は「被害者側の慰謝料の算定に当たり，適宜斟酌して，実質的に賠償額の公平を計れば足りる」というわけである。

　インフレによる逸失利益の実質的な減少分を，それとは性質の異なる慰謝料の増額で補填するという方法の是非については後にも触れるとして，ここで問題となるのは，もしインフレの影響を慰謝料でカバーするとして，一体いくらの金額を上乗せすればよいか，ということである。この点について上記判決は一審，二審とも具体的には何も述べていない。損害賠償請求事件の最終目的は金額を決めることなのだから，これは致命的な欠陥であると言わなければならない。

　9）　なお，インフレの影響をホフマン方式を採用することで補填しようとした判例としては静岡地裁浜松支判（昭 52.8.8. 交民 10-4.）がある。この判例については第 9 章でも触れることになる。

この点を補ったのが，その8年後に出された東京高判（昭57.5.11. 判時 1041. 交民 15-3.）である。この裁判は事故当時（昭 54 年）6歳だった男児の死亡事故について逸失利益の算定を行ったものだが，被害者は「逸失利益の算定につき将来の年5分程度の物価・賃金の上昇を考慮しないときは，中間利息の控除もすべきではないと主張」した。これに対し裁判所は，賃金については「平均実質賃金額において顕著な上昇があると認められるに足りる証拠はない」としてその算入を否定したうえで，物価騰貴については「今後も長期的にインフレーション（物価上昇）傾向が継続することは明らか」（括弧内は原文）であって，その程度は「平均年率4分を下らないものと推論」する。他方，「過去20年の預貯金金利の実態」を見ると年5分をかなり上回り，年8分となった時期も少なくないことなどから，被害者に「年8分あるいは将来の物価上昇率を年4分上回る年率による運用を期待して差し支えない」と考える。その上で，このような期待の適用は事故から被害者が就業するまでの12年間に限定されるとして，逸失利益の額を次のように算定する。

まず，基礎収入は昭和 54 年の『賃金センサス』（男子，学歴計，全年齢平均）から 3,156.6（千）円であることが分かる。また被害者の就業期間 49 年のライプニッツ係数（割引率5％）は 18.1687 であるから，事故から就業までの 12 年間の割引率を4％とすれば，その逸失利益は

$3156.6 \times 18.1687 \times 1/(1.04)^{12} = 35821.4$

となる[10]。

他方，割引率を法定利率の5％としたうえで逸失利益を算定するという通常の方法によれば，この被害者の逸失利益は

$3156.6 \times 18.1687 \times 1/(1.05)^{12} = 31935.2$

となるから，両者の差 3,886.2（千）円が物価騰貴による逸失利益の増加分だということになる。この額を慰謝料に上積みすることでインフレの影響を斟酌しようというのがこの判決のポイントである[11]。

---

10) この式と次の式については第2章の註3）を参照のこと。
11) ここでの説明では論点を明確にするために，原判決の算定方法を単純化している。即ち，原判決では事故から就業までの 12 年間を，利用可能な資料に応じて1年，2年，8年，1年の四つに分けているが，ここではそれらを一纏めにして扱っている。この変更は物価騰貴を逸失利益に取り入れる方法に関する限りは，本質的なものではない。なお，この判決が

インフレの算入を被害者の就業までの12年間に限定していること，それを逸失利益の算定に直接に反映させるのではなく慰謝料という別の枠組みの中に持ち込んでいることなど，この判決に疑問の残ることは否定できない。しかし「年率4分の物価上昇がある場合は年9分程度の利回運用が期待されない限り，現在の金員がこれに対する年5分の利息を付加した将来の金員と等価値とはいえない」として，インフレの下では将来所得を5％で割り引くという従来の算定方法は公平な結果をもたらさないとした点で，この判決は画期的な判断をしたと言ってよい。

しかし，この判決（以下，簡単に「57年インフレ判決」）が逸失利益にインフレの影響を反映させるという方途の契機となったわけではない。このことはこの判決からおよそ1年後に出た東京高裁の判決（昭58.1.31.判時1073.）を見れば分かる。それは57年インフレ判決の精神を完全に否定してしまったのである。

この東京高判のケースは4歳の女児が死亡した事件だが，被害者は控訴審の段階で次のように主張した。

〈「現在の経済体制の下では長期的にインフレーションが続くことは明らかであり，過去20年間の経済動向を見ると，物価の平均上昇率は年4％程度と推論することができる」。この場合には「年9％程度の利息が期待されない限り，中間利息5％の控除をした場合と（算定結果が―引用者―）同価値にならない」のだが，「過去20年間の預貯金の実態を見ると，おおむね年8％であるから，控除すべき中間利息は年4分として逸失利益を算定すべきである」。〉

物価騰貴率が4％であるという予想，預貯金の金利が8％程度であるとする認識は，ともに57年インフレ判決のそれと同じである。本件の被害者がこのインフレ判決を基にして逸失利益の請求を行ったことは明らかである。ただし57年インフレ判決と異なる点が二つある。第一は57年インフレ判決が割引率を4％とする期間を被害者が就職するまでの12年間に限定していたのに対し，この裁判では4歳の被害者が67歳で退職する迄の63年間に亘って割引率を4％とするよう主張している

掲載されている「判時」1041, p.42 及び『交民』15-3, p.581 の式で$1/(1.04)^3$となっているのは$1/(1.04)^8$の誤植だろう。

点であり，第二は物価騰貴の影響を（慰謝料ではなく）逸失利益の額そのものに反映させるという点である。57年インフレ判決に対しては，4％の物価騰貴率がなぜ12年間に限って適用されたのか，8％という運用利率は当時の預金金利に照らすと高すぎるのではないか，物価変動の影響を慰謝料の額で調整するという手法は正しいのか，という疑問が残るのだが，それだけに要求を一層拡張した本件被害者の考え方は，論理の筋からすれば，より一貫したものであるように思われる[12]。

しかしこの裁判で東京高裁は，「現下のインフレーションが将来も継続するであろうことはある程度予想することができるとしても……将来も継続するであろうインフレーションがどの程度の物価上昇をともなうものであるかを長期的に予測することはきわめて困難」であり，また「将来長期にわたり預貯金の金利が年8％を超えない水準にとどまることが高度の蓋然性の下に予測されるものということはできない」として，インフレーションの影響についての被害者の主張を全面的に否定してしまっている。

このような結果に終わったのは，論理の正当性はともかく現実的な観点からすれば，原告の要求が急進的に過ぎたからだということなのかもしれない。しかし何れにしろ，この訴訟は，インフレ参入の突破口になるかと思われた57年インフレ判決の精神を継承できなかっただけではなく，予測困難という理由を持ち出してインフレの影響を完全に否定するという常套的な論理を引き出すことで，結果的には，事態を逆行させてしまったのである。

3. インフレと割引率

57年インフレ判決には，（後の議論との関係で）もう一つ注目しておかなければならないことがある。それは，インフレの影響を所得水準ではなく，それを割り引く割引率の問題として処理するという「手法」につ

---

12) インフレの影響が全く斟酌されていなかったという当時の状況からすれば，57年インフレ判決は「従来の判例理論との整合性」からして精一杯のところだったのかもしれない。『判時』1041. の解説を参照。

いてである。
　年齢要因による所得の上昇を俸給表を基にして考慮するという前節での方法が典型的に示すように，所得上昇の逸失利益に与える影響については，それを基礎収入額の変化を通して斟酌しようというのがこれまでの手法であった。これに即して物価騰貴の問題を処理しようとすれば，物価変動を基礎収入にどう反映させるかが処理方法のポイントになるはずである。しかしこの 57 年インフレ判決はインフレを割引率の問題，より正確に言えば名目金利から物価騰貴率を差し引いた（そういう言葉はこの判決では用いられていないが）実質利子率（＝名目利子率－インフレ率）の問題として処理している。割り引かれる基礎収入とそれを割り引く割引率とは逸失利益の算定においては分母と分子といういわば表裏の関係にあるのだから，物価騰貴の影響をどちらに反映させても結果としては同じことになるのだが，この手法は，後に見るように，逸失利益の算定が抱えている問題の処理を容易にするという利点に結びつくだけに，その意義は大きいと言わなければならない[13]。
　もっとも，物価騰貴や所得の成長を割引率との関係で処理しようという試みがこれ以前になかったわけではない。東京地判（昭 56.2.19. 交民 14-1.）がその例である。この裁判は 2 歳の幼児が死亡した事故についてのものだが，被害者は「現在の日本の政治的社会的体制を前提にする限り年 5 ％程度の物価上昇ないし賃金上昇があることは高度の蓋然性をもっていえる」から，「逸失利益の計算については同人が 22 歳（大学卒業推定年齢）に至るまで中間利息を控除しないものとする」と主張したのである。しかし裁判所は「原告らの右主張事実を認めるに足る証拠はないので，右主張もこれを採用することはできない」とした。
　これに対し被害者は「将来のベースアップ率という，いかに最善をつくしても，文字どおりの証明ができないものについて」の証拠を求めることで「結果的に常に請求を認めないというのは，果たして，公平や正義の理念に合致するのであろうか」として控訴・上告したのだが，最高裁は「交通事故により死亡した幼児の将来の得べかりし利益の喪失によ

---

　13) 物価騰貴率，名目及び実質所得成長率，割引率の関係については，第 8 章で詳しく説明する。

る損害賠償額を算定するに当たり」将来の「物価上昇ないし賃金上昇を斟酌しなかったとしても……不合理なものとはいえず……（被害者の主張を―引用者―）採用することはできない」とした（最判昭 58.2.18. 交民 16-1.）。

　公表されている裁判記録を見る限り，この訴訟では賃金上昇率や物価騰貴率についての推計が，原告の主張においても判決文においても，大まかに過ぎるという感は拭い難いし，言われている賃金上昇率が名目値なのか実質値なのかの区別がなされていないという分析上の不十分さの残ることも否定できない。しかし，そのような難点のあることは確かだとしても，物価騰貴を割引率に反映させない限りインフレによって被害者が不利な影響を受けざるをえないという主張は，経済原理からすれば当然のことである。それにも拘わらず裁判所は「証拠」を持ち出すことで，被害者の主張する逸失利益額を，物価や賃金の上昇を割引率に関係づけるという算定の手法ともども，一蹴してしまっている。

　それにしても，消費者物価指数が毎年 5 ％以上も騰貴し，第一次オイルショック時には 3 年間で物価が 1.54 倍（年率にして約 15.5%）にもなったという現実を目の当たりにしながら，それを逸失利益の算定に反映させる必要がないと考えた裁判官の現実認識と公平感覚とは一体，どのようなものなのだろうか。

　少し考えればすぐに分かることだが，インフレ（物価騰貴）というのは債務者にとっては有利，債権者にとっては不利な現象である。物価が騰貴すれば，資金を借りた方は実質的により少なく返せば済むが，逆に貸した方にはより少ない購買力の資金しか戻ってこない。インフレは極めて不公平な再分配効果をもつ現象に他ならないのである。逸失利益の場合，債務者に相当するのは加害者であり債権者は被害者なのだから，インフレによって不利益を蒙るのは被害者だということになる。「公平・公正」というのは法の世界が備えていなければならない必須の条件だから，たとい証拠至上主義が裁判官の現実感覚を麻痺させたのだとしても，物価騰貴を無視するような算定方法を許容することは言うに及ばず，それを看過することもまた許されるべきではないだろう。

　そこで，蛇足かもしれないが，前出の算定例を用いて，インフレが逸

失利益に対していかに不公正な結果をもたらすかを確認しておこう。

既に述べたように，表 3.1 のケース A は支払われた賠償金を 5 ％で運用しながら，そこから事故時点での全年齢平均賃金（基礎収入）を差し引いて行くと，被害者が定年になる時点で残額がちょうどゼロになることを示している。しかし定年になるまでの間に物価が騰貴することを考えれば，この方法では賠償金から毎年差し引かれる賃金の購買力＝実質賃金が年々低下して行くこと，言い換えれば被害者の生活水準が年毎に悪化して行くことになる。実際，昭和 40 年の事故発生時を基準とすれば，昭和 49 年に物価は 2 倍，55 年には 3 倍になっているのだから，被害者の生活水準はその間に急激に低下して行ったことになる。

そこで被害者に不利をもたらすこのような状況を避けるために，逸失利益から差し引かれる被害者の基礎収入を実質値（昭和 40 年基準）で一定として，同じような計算をするとどうなるか。表 3.1 のケース C に示したように，昭和 40 年に受け取った逸失利益は昭和 55 年，被害者が 32 歳の時に底をついてしまうことになる（図 3.1 を参照）。定年まで 34 年も残された時点で賠償金は費消し尽くされるのである。所得成長には目をつむり物価騰貴の効果だけを考慮したとしても，現在の逸失利益の算定方法は（少なくともこの場合には）公正なものだとは言えないのである。

4．補　足

インフレについては後の議論との関係で，更に二つの判例に触れておきたい。その一つは（交通事故のものではないが）クロロキン薬害訴訟のそれ（東京地判昭 57.2.1. 判時 1044.）である。

クロロキン薬害訴訟というのは，抗マラリヤ剤・抗炎症剤として第二次世界大戦中にアメリカで開発され，その後，関節リュウマチや膠原病の治療にも用いられたクロロキンが重い視覚障害（クロロキン網膜症）を起こす副作用をもっていたことから，患者が製薬会社を相手に損害賠償を請求した訴訟のことである。この裁判で原告側は「逸失利益及び将来の介護費の算定については，インフレによる賃金及び物価の持続的上

昇傾向を考慮に入れるべきであり，少なくとも毎年 5 ％の上昇が見込まれるので，（所得や介護費用の）積算額から年 5 ％の中間利息を控除すると，あたかも……中間利息の控除を行わないこととした場合と同一の結果となるから……（その）積算額から中間利息の控除を行うべきでない」（括弧はともに引用者）と主張したのである。

これに対し，裁判所は物価騰貴や賃金上昇率を逸失利益の算定に反映させるべきか否かという本質的な問題に触れることなく，「将来における賃金及び物価水準の変動については……不確定要素がある以上，これを考慮に入れて今後毎年の損害額を個別具体的に認定することはできない」として原告の主張を退けている。

この対立点をより精緻な形で示したのが当該判決を経済学の視点から論評した浜田宏一氏の論攷〔2〕である。氏は逸失利益の算定において「物価上昇が予想される」場合には「通常の意味での利子率つまり名目利子率と，名目利子率からインフレ率を差し引いた実質利子率とを明確に区別する必要がある」と指摘した上で，東京地裁の判決には「実質金利が将来平均して 5 ％であるというきわめて強い判断がかくれている」として，これを批判したのである。

このような流れを受け継いで実質利子率という概念を交通事故の裁判に持ち込んだのが，言及しておきたいま一つの判決（東京高判昭 59.1.23. 判時 1102.）である。この裁判で原告は「中間利息の控除は将来得られる収入を現在における等物価（ママ）に換算する操作であるから，そこで問題になるのは名目金利ではなく実質金利でなければならない」（傍点引用者）と主張し「昭和 46 年から同 55 年までの最近 10 年間でみた場合，……実質金利は年 1.3 ％を超えることはないのである（から—引用者—）中間利息の控除は右実質利子率の限度で行うべき」であると主張した[14]。

これに対し裁判所は「インフレが昂進するとした場合，その割合に対

---

14) 「等物価」は耳慣れない言葉だが，これは「等価物」の誤植だろう。なお，浜田〔2〕(p.31) には「中間利息の排除は，将来得られる収入をその現在価値，つまり現在における等価物に換算する操作に他ならない」と書かれている。要するに将来所得は物価の変動分をも含んでいるのだから，その現在価値を求めるためには，まず将来の所得を現在の物価水準で評価し直さなければならない，ということである。

応する預貯金の目減りが生ずる」ことは認めながらも，実質金利に触れることなく「将来得べかりし収入が現在価額で一時に支払われる場合においては，……より有利な方法での利殖，運用を図ることによって，法定利率を超える割合の資本収入を得ることも十分考えられる」から「控訴人らの主張は，物事の一面のみを見て，他を省みないものであって採用できない」とした。

　しかしここでも議論は噛みあっていない。インフレが生ずれば預貯金は実質的には目減りするのだから中間利息の控除は実質金利で行われるべきである，というのが被害者の主張であるのに対し，インフレが生ずれば預貯金は目減りはするが預貯金以外にもっと有利な運用方法もあるではないか，というのが裁判所の主張だからである[15]。

　原告は逸失利益算定方法の原則――将来所得の割引は名目利子率ではなく実質利子率で行うべきであるという原則――について述べているのだから，裁判所はその原則の是非について判断をしなければならない。そうでなければ相手方はもとより，第三者をも納得させるような議論にはならないし，従って事態は前に進まない。実際，将来の所得を割り引くのは名目金利ではなく実質金利でなければならないという原告の主張は，第5章と8章以降とで詳細に検討するように，逸失利益の公正な算定において重要な意味を持っているのだが，実質利子率についての説明や理解が当事者においてさえやや生半可な状態に止まってしまったこともあってか，ここでは肝心の論点が見落とされてしまっている。その結果，逸失利益の算定はどうあるべきかを実質利子率に関係づけて議論することはこの裁判に止まらず，これ以降も長い間に亘って看過されたままになってしまったのである。

　このように，交通事故の被害者に対する逸失利益だけではなく，薬害訴訟における逸失利益や介護費についてもまた，裁判所は証拠に拘泥し，

---

　15) 一言，付け加えておきたい。裁判所が言うように預貯金よりも有利な資金運用方法のあることは確かだし，そのような方法を利用することでインフレーションによる実質値の目減りをカバーできる可能性のあることも確かである。しかしそのような方法は預貯金よりも高いリスクを伴う（ハイリスク・ハイリターン）。このリスクを考えの中に入れない裁判所の論理こそが「物事の一面のみを見て，他を省みないもの」ではないのか。

将来は不確定だから証拠は存在しないという理由で物価騰貴を斟酌しないとした。これが当時の支配的な方法であったし，現在においても基本的には依然としてそうである。

　第1章でも述べたことだが，価格というのは財の価値を貨幣を尺度として示したものである。したがってその尺度が変化すれば，それに対応した措置を採らない限り，変化後の財の価値と変化前のそれとを比較することはできない。逸失利益の算定というのはいわば人間の価値を貨幣で評価することだから，その評価の基準＝尺度が変われば，その変化を斟酌しない限り継続的な存在である一人の人間の価値を正確に評価することはできない。インフレというのは貨幣価値＝評価の尺度が変化することに他ならないのだから，その影響を考慮せずに何年にも亘って生ずる損害＝逸失利益を正確に算定することはできないはずである。

　インフレが昂進すれば前払いされた将来の所得が物価騰貴分だけ目減りすることは明らかなのだから，公平の原則からすれば，インフレによる効果を考慮して逸失利益が算定されなければならない。従って，この場合に必要なのは，将来の物価の動きをいかにして正確に予測し，それをいかにして逸失利益に反映させるかを考えることであって，物価騰貴の証拠を求めることではない。逸失利益はもとより物価騰貴もまたすぐれて将来の事象だから，それらについての証拠は存在しないからである。裁判所にとって必要なのはここでも「被害者側が提出するあらゆる証拠資料に基づき，経験則とその良識を十分に活用して，できるかぎり蓋然性のある額を算出するように努める」（最判昭39.6.24. 民集18-5. 傍点は引用者）ことだろう。

　しかし大半の判決が用いた論理は，公平という立場からインフレを考慮すべきであるという被害者の主張の正否を正面から論ずることをせず，将来を正確に予測することは困難であり不可能でもあるから逸失利益の算定においては物価上昇を斟酌しない，というものであった。これは，所得変化の場合と同様，問題の核心を回避した逃げの論理でしかない。既に述べたように，逸失利益はもともと将来の事象に関するものだから，その算定において将来の価格騰貴率を予測することが不可能だとする選択は許されない。物価騰貴を考慮せずに逸失利益を算定するというのは物価が変化しないと予測するのと同じことである。この点に気付かない

裁判所の論理は明らかに破綻していると言わざるをえない。

　逸失利益というのは，もともと被害者が生きていれば，という現実に反する仮定の下での話である。したがってそこには「事実」は存在しない。存在しうるのは現在と過去の事実とに基づく「予測」だけである。それにもかかわらずあくまでも証拠に拘泥すれば，証拠が存在する現状だけを是認し，それに依存するしか途はない。しかし現状だけを是認することは，逸失利益の場合，将来が現在のままであると予測することに他ならない。経済が常に変動することを考えれば，将来は現在と同じだとする予測の蓋然性はきわめて低く，そこから公平・公正な逸失利益が算出される可能性はゼロだと言っても過言ではない。

　しかし，一方では，年齢要因による昇給はともかく，いわゆるベースアップによる昇給は，それが実質的なものであれ物価騰貴による見かけ上のものであれ，逸失利益の算定に反映させないという裁判所の判断が一般化・固定化し，他方では，昭和50年代後半以降，高度成長は終焉し物価も比較的安定したという経済情勢の変化もあって，物価騰貴や所得の実質的な増加分を逸失利益の算定に反映させるという議論は，実務面においても学界においても，全くと言ってよいほど影を潜めてしまったのである。「喉元過ぎれば熱さを忘れる」ということなのだろうか。

引 用 文 献

〔1〕後藤孝典『現代損害賠償論』，日本評論社，1982.
〔2〕浜田宏一「インフレ算入論の経済的根拠」，『ジュリスト』764.（1982.4.15.）

第4章

逸失利益は公正か（2）[*]
―低金利をどう捉えるか―

1. 逸失利益と低金利

　1990年代に入ってのわが国経済は，あたかも昭和から平成への移行が切っ掛けとなったかのように，好況から不況への急旋回を経験する。平成元年（1989）の大納会に38,915円という史上最高値を記録した日経平均株価は年が改まると一気に下落に転じ，それに歩調を合わせるかのように，地価の下落，雇用不安，企業倒産，銀行の不良債権，価格破壊など，これまで経験したことのない衝撃が日本経済を次々に見舞った。バブル経済の崩壊であり平成不況とかデフレ経済とかと言われる状況への突入である。

　利子率もまたこの動きの例外ではなかった。政策金利である公定歩合（基準割引率）はもとより，国債の利回り（10年物の流通利回り）や預金金利（1年物定期預金金利）も，これまでは想像もできなかった低い値に落ち込んでしまった（図4.1）。このような事態を目の当たりにすると，将来所得を5％で割り引くというそれまでの逸失利益の算定方法は果たして正しいのだろうか，という疑問が生じたのは当然の成り行きであったと言ってよい。実際，5％よりも低い割引率を用いて逸失利益を算定すべきだとする訴訟が平成5年頃から相次いで見られるようになる。それらの主張は詰まるところ「昨今の低金利にてらせば，将来の逸失利益

---

[*] 本章の1.，2.は拙稿〔1〕を基にして全面的に書き改めたものである。

図 4.1 金利の動き

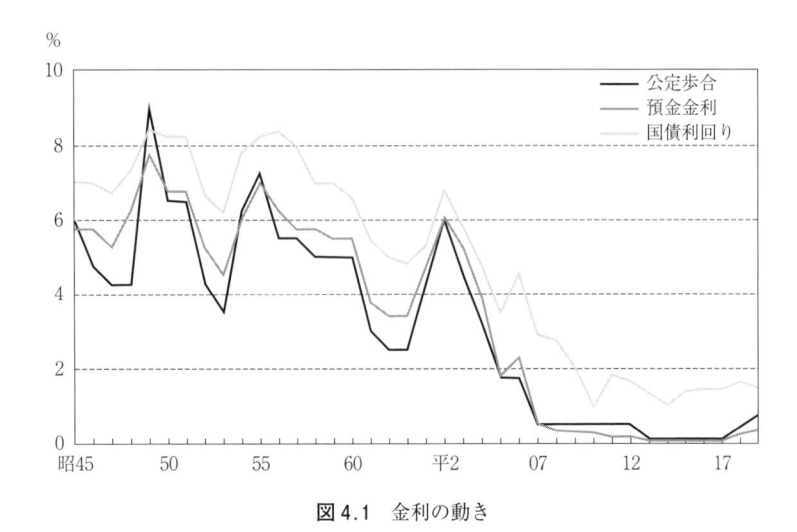

の算定に当たって中間利息控除割合を年5％とする従前の取り扱いは，被害者側にとって著しく不利であり，被害者側の救済ひいては損失の公平な分担を究極の目的とする損害賠償制度の理念に反する」（東京地判平 13.3.15. 交民 34-2.）という認識に基づくものであると言ってよい。

裁判所はこのような訴えをどう判断したのだろうか。この点を争った幾つかの判決を整理すると，それらは次の二つのグループに大別されるように思われる。

一つは，逸失利益算定のための割引率をどうするかは法の解釈・適用の問題であって現実の金利の動向とは無関係である，とする立場である。逸失利益の算定において5％の割引率を用いるのは「現行法が将来の請求権の現価評価について，法的安定及び統一的処理の見地から，一律に法定利率により中間利息の控除を行うことに準拠したもの」であって「運用利率の事実認定によるものではない」（大阪地判平 14.10.30. 交民 35-5.）というわけである。

これに対するもう一つの立場は，「民事法定利率と中間利息の控除とは性質が異なるものであるから，逸失利益の算定における中間利息の控除割合を民事法定利率と同一にしなければならない必然性があるわけではない」（大阪高判平 13.6.15. 判時 1762.）とする立場である。逸失利益は，前もって支払われた金額を通常の方法で運用することを前提にして

求められるのだから，それを算出するために将来の所得を割り引く割引率＝運用利率の値は市場金利という現実の値を反映したものでなければならないというわけである。低金利が現実であるからには将来の所得の割引率も法定利率の5％よりも低い値とすべきであるという（幾つかの）判決がこの立場の典型である[1]。

　正確さを犠牲にして簡潔に言えば，第一の立場は逸失利益を算定するための割引率の値を決めるのは法の適用の問題であると捉え，第二の立場はそれを事実認定の問題であると捉える，と考えてよい。ただし，これらの立場にはそれぞれ解決しなければならない問題が含まれている。

　まず第一の立場には，逸失利益を算定するための割引率の値を直接に規定する法律の条文はどこにも存在しない，という問題がある。法定利率というのは「利息を生ずべき債権に付き別段の意志表示なきとき」（民法404条）に適用される利率であり，また「金銭を目的とする債務の不履行に付いてのその損害賠償の額」（民法419条）を決める率であって，被害者が前もって受け取った逸失利益を将来のある時点まで運用する際の運用利率ではない。逸失利益の算定において法定利率を用いるという第一の立場は，正確に言えば，法律の条文を適用しているのではなく，それをいわば類推適用しているにすぎない。従ってこの立場には「類推」を正当化する論理がなければならない。

　では，この立場の判決は，法定利率の適用を正当化するために，どのような論理を展開しているのだろうか。それは詰まるところ，次の二つに集約されると見てよい。

（ⅰ）（旧）破産法46条5号，会社更生法114条，民事再生法87条などに見られるように「現行法は，将来の請求権の現価評価に当たっては，一律に法定利率により中間利息の控除をすることが相当であると考えている」（東京高判平13.6.13. 交民34-3.）こと。

（ⅱ）　逸失利益については，不法行為時から支払いまでの間の遅延損害金が課せられ，その割合は民法によって年5％と定められているのだが，「これと表裏をなす関係」（東京地判平6.12.8. 交民27-6.）

1）　例えば福岡地判平8.2.13. 判タ900，東京高判平12.3.22. 判時1712，長野地裁諏訪支判平12.11.14. 判時1759，津地裁熊野支判平12.12.26. 判時1763. など。

ないしはこれとの「均衡」(大阪地判平 14.3.5. 交民 35-2.) から，逸失利益算定のための割引率も民事法定利率の年 5 ％とするのが相当であること。

しかしこのような主張は強い説得力を持つものではないだろう。(ⅰ)について言えば，企業が倒産した場合の清算方法に関した破産法や会社更生法などの規定を逸失利益の算定にそのまま適用できるか否かがまず問題である。企業倒産によって生じる貸借の整理が公正なものでなければならないことは確かだし，逸失利益の算定もまた公正なものでなければならないことも確かである。しかし，同じ公正とはいえ，一方は資金の借り手と貸し手との間のバランスの問題であり，他方は不法行為による被害者と加害者との間のそれである。果たしてこれらを同一視し，「統一的に処理」することが正しいのだろうか[2]。

なるほど，逸失利益の算定というのは将来所得の現価を求めるということだから，形式だけを問題とするのであれば利子の計算であり，従ってお金の貸借と同じことだと言ってよい。しかし逸失利益の算定というのは人間の生命に対する賠償の問題であって，お金の貸借の問題ではない。両者の間には埋め難い質的な違いがある。だからこそ「逸失利益の算定における中間利息の控除割合は利息を生ずべき金銭債権や金銭債務の不履行に伴う損害賠償の利率と同一のものとしなければならない必然性があるものということはできない」(東京地判平 12.4.20. 判タ 1031，判時 1708.) とする，逆の立場の判決がいくつも生まれているのである。

また (ⅱ) の遅延損害金との関係について言えば，逸失利益の支払いが遅れるとその間の割引は不要になるのだから，理屈からして，遅延期間の控除分は取り消されなければならない。従ってこの点だけからすれば，割引率と遅延損害金の率とは同じ値でなければならないように見える。しかし遅延損害金というのは逸失利益の算定においてはあくまでも例外的なものにすぎないのであって原則的に生じるものではない。例外が原則を規定するというのはおかしな論理ではないか。なるほど，損害賠償の義務は事故時点で生じるから，現実の問題として支払いの遅延が生じるのは不可避ではある。しかし問題の性質上，主導的に決められな

---

[2] 「統一的処理」については第 8 章で詳細に論ずることになる。

1. 逸失利益と低金利

ければならないのは将来所得の割引率の方であって遅延損害金の率ではないだろう。期間の長さからしても，判決までに要した僅か数年間の利率が，その10倍，時には20倍もの長さを持つ全就労期間の利率を規定するというのは奇妙な理屈である。遅延損害金の率をまず決め，逸失利益の割引率をそれに追随させるというのは主客の転倒した論理だと言わなければならない[3]。

このように見てくると，第一の立場が逸失利益の控除割合を法の問題と捉えながら，法定利率の適用は「著しく不合理，不公平であるとすべき顕著な事由が存在しない限りにおいて相当」(東京高判平13.1.31. 交民34-1.)だとする条件を付けざるを得なかったのは，自己の論理が脆弱であり現実の低金利を無視することが公平ではないということに，当の判決文を書いた裁判官自身が気付いていたからではないかとも思われる。

他方，逸失利益の算定における割引率の値は事実認定によるべきだとする第二の立場にも問題が残されている。事実認定と言いながら，(既に第3章でも触れたように)逸失利益というのはもともと事実を基にして算定できるものではないからである。事実というのは「実際に起こった，または存する事柄」(『岩波　国語辞典』)だから，それは過去または現在の事象である。しかるに逸失利益というのは被害者が事故に遭わなければ稼得できたであろう所得だからこれはすぐれて将来の事象であり，その算定のために用いられる利子率はこれから先，逸失利益をどのような率で運用できるかを示すものである。逸失利益の算定に必要なのはその性質上，「事実の認定」ではなく事実を基にしてなされる将来の「予測」である。神戸地裁姫路支部の文言を借りれば「現時点での期待運用利回り，経済状況に基づいて，将来の運用利回りを予測」(神戸地裁姫路支判平11.12.14.)することが必要なのである。

しかしながら，このような予測は容易なことではない。30年，40年先というような遠い将来どころか，1年先の利子率の値でさえ，それを正確に予測することはおよそ不可能である。しかし如何にそれが困難なことであれ，利子率の予測なしに逸失利益の値を算出することはできな

---

3) この点については第5章で再び触れることになる。

い。そこで問題は何を根拠にして利子率の値を導き出すかだが，ここで利子率の値を法の適用の問題ではないとする第二の立場が二つに分かれることになる。

　一つは昨今の異常とも言える低金利という実態を根拠にして将来所得の割引率を決める，という立場である。例えば福岡地判（平 8.2.13. 判タ 900.）は「本件事故当時の公定歩合が 1.75％であることおよび本件弁論終結時当時の公定歩合が 1％」であることから「従前のように年5分の割合でもって中間利息を控除することは……不相当である」としているし，東京高判（平 12.3.22. 判時 1712.）は「我が国は高度成長を経て成熟した社会になっており，今後過去のような経済成長は見込めないから，少なくとも近い将来において預金金利が 5％に達するとの予測は立てにくい」として，ともに「中間利息の利率は……少なくとも……年4％を上回らないと判断」している。

　これに対し，いかに現在の金利が低かろうとも，逸失利益というのは一般には遠い将来にも係わることだから，現在の低金利だけを理由にして割引率の値を決めることはできないとして，結局のところ 5％の割引率を採用するという立場がある。例えば，低金利という現実を認め「今後も当面は被害者が賠償金を年 5％以上の利回りで運用することが困難な情勢にあることは顕著な事実」ではあるが「低金利の状態がいつまで継続するかの予測は困難」（大阪地判平 15.12.4. 交民 36-6.）であるからとか，あるいはかつて市場金利が 5〜6％であったという「市場金利の長期的な動向に鑑みると……最近の低金利こそ異常事態であって，年 5％程度の利率が通常であるということもできる」（大阪地判平 12.11.21. 交民 33-6.）からとしている判決がそれである。その上でこのタイプの判決は割引率を 5％とすることの根拠として「現行法の中には破産法，会社更生法，民事再生法等が法定利率によって中間利息を控除すべきことを定めていること」と，「民法における遅延損害金の利率が年 5％であること」（大阪地判平 15.12.4. 交民 36-6.）とを挙げている。詰まるところ，ここでは低金利という事実が無視され，法定利率という法の規定が割引率の根拠とされてしまったのである。

　しかしこのような論理は，逸失利益の算定における割引率と法定利率とを「同一のものとしなければならない必然性があるものということは

できない」(東京高判平12.9.13. 金商110.)とした第二の立場の出発点と，少なくとも結果的には，明らかに矛盾する。逸失利益の算定における控除率は「現在の金利の実状も考慮して控除すべき利率を認定する必要がある」(大阪地判平12.8.25. 交民33-4.)と言い，あるいは「近年低金利の状態が継続し，今後も当面は被害者の賠償金を年5％以上の利回りで運用することが困難な情勢にあることは顕著な事実である」(大阪地判平15.12.4. 交民36-6.)と認識しながら，結局のところ中間利息の控除率は年5％によるべきだと結論づけるというこの論理の道筋には，明らかに飛躍がある。遠い将来の割引率を予想することが事実上不可能であり，したがってこれらの期間については法的根拠を持つ5％に依らざるをえないとしても，低金利という現実を無視できないということを出発点とした以上，現実の低金利を何らかの方法で逸失利益の算定に反映させるべきであって，法定利率の5％にそのまま戻ってしまうというのは，論理の筋からすれば許されないのである。

　それにもかかわらず割引率の多寡を争点とする裁判の判決を見ると，割引率は事実認定の問題であるとする見解からスタートしながら，結局のところ法定利率を根拠にして割引率の値を決めるというタイプの判決が，数からすれば圧倒的に多いのである。このことは5％の割引率が既定のゴールとしてまず存在し，低金利の重視という出発点はそのゴールに行き着くことを正当化するためのいわば言い訳（excuse）にすぎない，ということではないだろうか。そうだとすればこれらの判決は，割引率は法定利率に依るべきだとしながら，それが法の類推適用にしかすぎないことから，法定利率の適用は「著しく不合理，不公平であるとすべき顕著な事由が存在しない限りにおいて相当」だという条件を付けることで5％の割引率を正当化した第一の立場と，本質的には何ら変わらないということになる。これら両者に見られるのは，逸失利益の算定に現実の経済情勢を反映させるべきか否かという理論的対立を突き詰めることよりも，算定方法についての従来の枠組みを維持することの方を優先させるという頑迷な保守主義の精神に他ならない。

2. 低金利の扱い方

　バブル崩壊後の低金利を逸失利益の算定に反映させるべきだとする被害者の主張に対し，裁判所は大勢としては否定的な判断を下し，5％という法定利率を用いるという従来の方法を継承してきた。しかし公定歩合が平成7年9月に1％を割ってからすでに14年余りの歳月が流れ（平成22年1月現在では0.30％），その間に（家計部門の最も一般的な資金運用形態である）定期預金（1年物）の金利が最低時（平成13年）では0.03％という限りなくゼロに近い値にまで低下したという現実に照らすと，逸失利益の算定において5％という運用利率を用いることが「著しく不合理，不公平であるとすべき顕著な事由」にあたらないとする裁判所の判断をすんなりと受け容れることはできない。0.03％の金利で5％に相当する利子を得ようとすれば，複利でも163年もの歳月が必要であるという一事をもってしても，それが「著しく不合理，不公平」ではないとする裁判所の判断は所詮，強弁にすぎないというのが常識的な見方だろう。

　他方，低金利という現実を重視し5％未満の割引率を用いるとした判決では，なぜ（例えば）4％の割引率を採用するのか，という判断の根拠が示されていない。現実に照らす限り5％の割引率を用いて逸失利益を算定することが相当ではないとして，それではなぜ4％なのか，あるいはなぜ3％なのか，ということになると，この範疇に属する判決では事実に裏付けられた説得的な説明がなされていない。このタイプの判決もまた不合理，不公平ではないのか，という疑念を払拭することはできない。

　そこで，低金利という現実を反映しながら合理的でもあるような割引率を見出す術はないのだろうか，ということが検討課題になる。

　ただし，この課題に取り組む前に確認しておかなければならないことが二つある。

　一つは「利子率」が具体的にどのようなものを指すか，である。言うまでもないことだが，個人の資金運用に直接関係したものに限っても，

「利子率」としては普通預金の金利から始まって，定期預金金利，国債や社債の利回り，更には投資信託や株式の利回りなど，いくつかのものを挙げることができるのだが，ここまでの議論では「利子率」が具体的にどのような利率を指すかには触れず，一般的・抽象的な概念としてそれを用いてきたにすぎない。しかし算定された逸失利益が公正なものか否かを論ずるためにはその額を現実と対比させなければならず，その対比のためには逸失利益の算定に用いられる利率を具体的に規定しなければならない。

　ところが逸失利益を算定するための利子率を法定利率の5％であるとする第1の立場はもちろんのこと，それを法定利率とは無関係だとする第2の立場においても，逸失利益算定のための利子率が具体的にどのようなものを指すのかという「質」が問われたことはない。5％という「量」だけが問題とされてきたにすぎないのである。この議論の進め方は誤っている。

　逸失利益の算定における利子率の値は法の適用の問題であるとする（第1の）立場について言えば，個人間での資金の貸借における利率である民事法定利率を逸失利益算定のための利子率としてそのまま用いることが果たして正しいのかどうかがまず問われるべきだろう。債券や株式の利回りはもとより，銀行預金の利率が果たして民事法定利率に相当するものなのか否か疑問だからである。

　割引率の値が法定利率によって規定されるものではないとする（第2の）立場については，5％の法定利率が根拠とならない以上，どのような利率を用いて逸失利益を算定するかという「質」の問題がまず明確にされなければならない。割引率の値はその上ではじめて規定できるからである。

　このように考えると，逸失利益を算定するための利子率を具体的にどの利率とするのかという「質」の問題を先ず明らかにしておかなければならないことになる。そこで，わが国では個人がどのように資金を運用しているのかを，日本銀行の『資金循環統計』を基にして見ておこう。『資金循環統計』というのは，わが国の経済主体（企業，家計，政府など）がどれだけの金融資産をどのような形態で所有しているかを示したものだが，それを見ると，家計部門の金融資産構成比は現金と預金（以

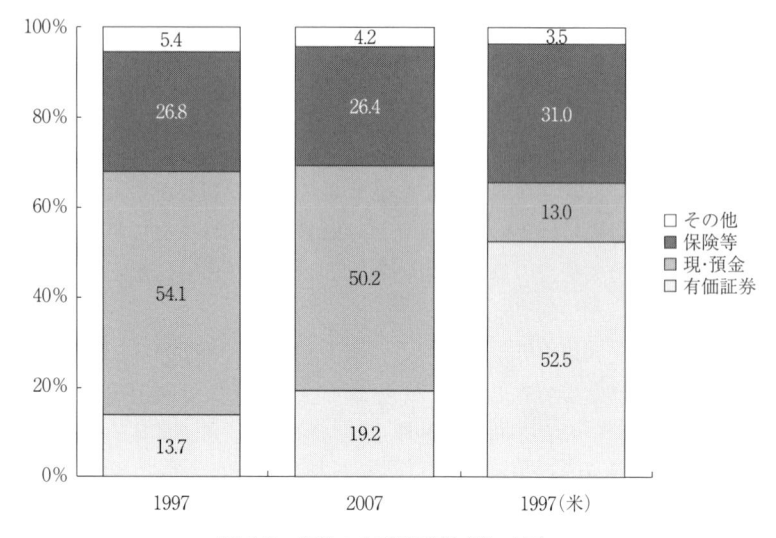

図4.2 家計の金融資産構成比（％）

下，現・預金）に集中していることがはっきりと読みとれる（図4.2）。例えば1997（平成9）年末では，金融資産のうち現・預金の構成比は54.1％と過半を占めており，株式，投資信託，債券等の有価証券のそれは合わせて13.7％にすぎない。

これに対し米国では現・預金の構成比は僅か13.0％で，逆に有価証券のそれは52.5％と過半数に達している。米国での資産運用はわが国のそれと全く対称的なのである。

わが国のこのような現・預金偏重の傾向は2007（平成19）年9月末でも殆ど変わっていない。この間，超低金利が続き資産運用手段としての預金の魅力は極端に薄れてしまったし，金融機関における投資信託の窓口販売が解禁されてもいる（銀行は1998（平成10）年，郵便局は2005（平成17）年）ことを斟酌すれば，わが国の個人の資産選択における預金偏重傾向は極めて根強いものがあると言わなければならない。このような事実に鑑み，以下では1年物の定期預金の金利を「利子率」の代表的な指標として分析を進めることにする。

第2に確認しておかなければならないのは，逸失利益を算定するための利子率はその算定期間の初めから終わりまで，毎期同じ値でなければ

ならないという必然性はないということである。なるほどこれまでは暗黙のうちにしろ，利子率は算定期間中同じ値であるとされてきた。このような前提を置く限り，議論は法定利率の5％を適用するのかそれとも法定利率以外の（例えば）4％という率を用いるのかという，いわば二者択一的な形でしかなされない。しかし現実では運用利率は時に応じて変化するのだから，算定された逸失利益を合理的で公平なものとするためには，利子率を必要に応じて途中で変更することの方が望ましい。二者択一ではなく5％も4％もという，いわば二者併用的な算定方法が考えられて然るべきなのである。

それにも拘わらず，これまで利子率を算定期間を通して一定の値としてきたのは，算定期間の途中で利子率を変更し，それに応じたライプニッツ係数（やホフマン係数）を算出しようとするとあまりにも煩雑な計算が必要だったからではないかと思われる。手帳サイズの電卓が安価で手に入り，パソコンも各家庭で広く利用されるようになった現時点では思いも寄らないことなのだが，交通事故が大きな社会問題になり始めた昭和40年代半ばでは，6桁とか8桁とかの数値の乗除算を行うことはとても煩瑣な作業だった。ましてそのような計算を50回，60回，時にはそれ以上も行わなければならないのだから，ホフマン係数やライプニッツ係数を交通事故の案件ごとに求めるというのは実際上，不可能なことであったと言ってよい[4]。

このような状況の下で大量に発生する交通事故の損害賠償を早急に処理しようとすれば，前もって5％の割引率で計算されたライプニッツ係数表やホフマン係数表を用い，それに案件ごとに求められた被害者の基礎収入を乗じて逸失利益を算定せざるを得なかったし，そうすることが実務上，当然の方法であると受け取られてもいた。しかしこのような方法で逸失利益を算定することが一般化・固定化するとそれが絶対的な存

---

4) その頃，加減乗除を行う計算機はないわけではなかったが手動のものが多く，電動になるとモーターの騒音と高価格とが悩みの種だった。まして騒音のない電子式計算機は超高価で一般には手が出なかった。実際，昭和40年（1965）に発売されたカシオの電子式卓上計算機（電卓）1号機の価格は38万円だった。当時の大卒銀行員の初任給は25,000円だから，それが如何に高価であったかは，今日からすれば想像に絶するものがある。また昭和47年（1972）には個人向けの「カシオミニ」が他社の1/3の価格で発売されたが，それでも12,000円（当時の大卒銀行員の初任給は52,000円）という価格であった。

在になり，割引率を毎期5％とすることに誰も疑問を差し挟もうとはせず，将来所得の割引が極めて機械的に行われるようになってしまった。5％で割り引くという方法が当然のものとして受け容れられ，またそうするのが交通事故を公平に処理することでもあると信じられてしまったのである。

しかし現在でも依然としてそうなのだろうか。パソコンが普及し，6桁の数値だろうが8桁の数値だろうが，それらの乗除算が瞬時に行われるようになった現在では，経済の状況に応じて割引率を途中で変更することで，より公平な結果を容易に算出することができる。そこで次節では架空の例を基にして割引率を途中で変更するという「二者併用」的な算定方法について検討する。

3．「二者併用」的な割引率

(1) 仮設例

次のような仮設例を考える。
① 平成13年にある交通事故が起こった。
② 事故の被害者（死亡）は27歳の男性で，その就業可能期間は67歳までの40年間である。
③ 被害者の基礎収入は『賃金センサス（平成13年）』の学歴計，男性，25～29歳の数値である4,126.7（千）円とする。
④ 事故から口頭弁論終結時までの5年間は低金利の状態で，この間の金利は（平成13年の定期預金金利（1年物）に倣い）0.05％であったとする[5]。
⑤ それ以降の期間（事故後6年目から40年目までの35年間）の金利は（判決時点での予測が不可能なので）法定利率の5％とする。
⑥ なお，これまでと同じように，生活費控除は考えない。

この例の場合，一般に採用されている算定方法では利率は毎期5％と

---

5) 実際には平成18年以降も低金利の状態が続いている。しかしこれはあくまでも仮設例なので，ここではそれを無視している。

3. 「二者併用」的な割引率

表 4.1 逸失利益の残存期間（仮設例）

ケース	割引率(%)	ライプニッツ係数	運用利率(%)	逸失利益(千円)	控除額(基礎収入)	消滅期(歳)	コメント
A	5.0	17.1590	5.0	70810.4	4126.7	67	従来の方式
B	5.0	17.1590	0.05 と 5.0	70810.4	4126.7	52	最初の5年（前半）は低金利（0.05%）で運用
C	4.593	18.1579	0.05 と 5.0	74932.2	4126.7	55	ライプニッツ係数を平均金利で算出
D	0.05 と 5.0	21.3258	0.05 と 5.0	88005.2	4126.7	67	ラ係数を 0.05%（前半）と 5.0%（後半）で算出
E	5.0 と 0.05	17.2793	5.0 と 0.05	71306.4	4126.7	68	ラ係数を 5.0%（前半）と 0.05%（後半）で算出

されるから，40年に対応するライプニッツ係数は 17.1590，従って逸失利益は

4126.7×17.1590＝70810.4（千円）

となる。言うまでもないことだが，この金額を5％の利率で運用しながら，そこから毎期 4,126.7（千）円を控除して行くと，被害者が 67 歳になった時点で資金はちょうど底を突く（表 4.1. ケース A）。（以下，適宜に図 4.3 を参照のこと。）

しかしこの方法では事故から5年間，低金利が続いていたという事実は完全に無視されてしまう。これは不合理である。実際，このケースで逸失利益の運用利率を最初の5年間は 0.05％，その後の 35 年間は 5％だとすると，逸失利益は被害者が 52 歳の時に底をついてしまうことになる（表 4.1. ケース B）。これでは不公正である。どうすればより公正な値を算出することができるだろうか。

そこでまず低金利の5年間を含む全期間の（単純）平均金利を求め，それを用いて逸失利益を算定してみる。この方法では低金利という現実は考慮されるが割引率が 40 年間にわたって一定となるので（公式を使うことによって）ライプニッツ係数を比較的簡単に求めることができる[6]。平均金利は 4.593％だからライプニッツ係数は 18.1579，逸失利益は

70　第 4 章　逸失利益は公正か（2）

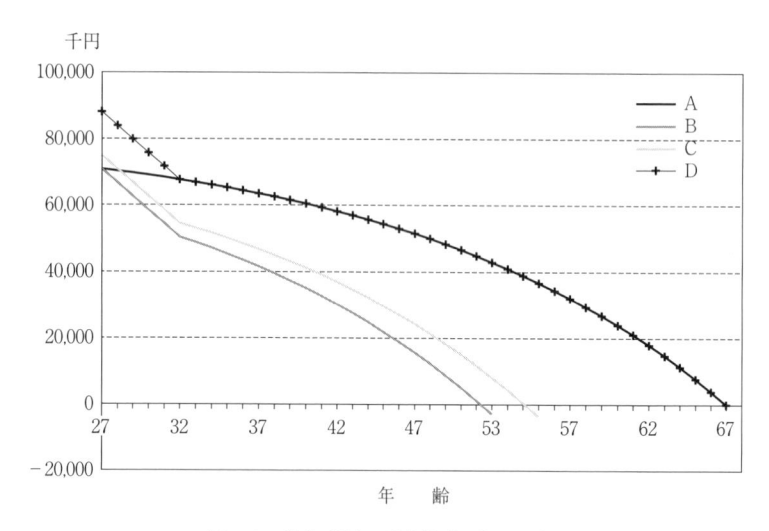

図 4.3　逸失利益の残高推移（仮設例）

　　　4126.7 × 18.1579 = 74932.2（千円）

となる。この結果は従来の逸失利益よりも約 412 万円，率にして 5.8%大きくなるだけで大勢は変わらない。実際，この金額をケース B と同じように，0.05%（最初の 5 年）と 5 %（その後の 35 年）で運用しながら，そこから基礎収入の 4,126.7（千）円を控除して行くと，資金が底をつく時点は僅か 3 年，先に伸びる（被害者は 55 歳）だけである（表 4.1. ケース C）。

　この結果を不合理・不公平と見るかそれとも許容しうる範囲内にあると見るかは，人それぞれの価値判断の問題なのかもしれない。しかし逸失利益が退職まで 13 年も残された時点で底をついてしまうからには，金利の平均値を用いるという方法は，低金利を斟酌しているとはいえ，不公正な結果しかもたらさないと考えるのが常識的な見方だろう。

　ただしこの方法は厳密な意味での「二者併用」的なものではない。ここでは低金利という現実は考慮されてはいるが，平均値を用いることでそれが法定利率の 5 %といわば融合し，4.593%という一つの値になっ

---

　6)　第 2 章注 8）でも示したように割引率を i，期間を n とすると，ライプニッツ係数は $\{1-(1+i)^{-n}\}/i$ で示される。

3. 「二者併用」的な割引率

てしまっているからである。

そこでより直接的に，最初の5年間は利率が0.05％，残りの35年間は5％であるという想定そのものを基にしてライプニッツ係数を求めてみる。(パソコンを使えば簡単に求まるのだが) その値は21.3258である[7]。したがって逸失利益は

$$4126.7 \times 21.3258 = 88005.2 （千円）$$

となり，通常の方法との間に約1,719（万）円，率にして24.2％もの差が出る。当然のことだが，この金額を0.05％（最初の5年）と5％（その後の35年）とで運用しながらそこから基礎収入4,126.7（千円）を控除して行くと，(定義的な関係から) 被害者が67歳になった時，残額はちょうどゼロになる（表4.1. ケースD）。この結果を考慮すれば，割引率を5％とする従来の伝統的な方法だけではなく，平均値を用いる方法もまた許容の範囲内にあるとすることは，とてものこと許されないだろう。低金利という現実を考慮する以上，それをそのままライプニッツ係数に反映させることで逸失利益は88,005.2（千）円になるとする方がより公正だし，論理的にも正しいと考えざるを得ない。

なお，因みに計算してみると21.3258というライプニッツ係数は，利子率が40年間にわたって3.5％である場合の係数（21.3551）にほぼ等しい。当初の僅か5年間の低金利がもたらす影響は，40年に亘っての金利を5％から3.5％へと大幅に減少させる効果に匹敵するのである。逸失利益の算定においては，低金利は異常だからこそ，それを考慮に入れなければならないのである。

次いで，ライプニッツ係数の持つ性質を明らかにするために，前述の仮定④と⑤とを次のように変更してみる。

まず④に代えて0.05％の低金利の時期を就業期間の最後の5年間とし，これに伴い⑤を事故から35年間は金利が法定利率の5％である，という仮定に変更する。即ち低金利の期間が事故直後ではなく，事故から最も遠く離れた5年間だと想定するのである。

---

7) 各期の割引率が同じではない場合のライプニッツ係数の計算方法については拙稿〔1〕を参照してほしい。

このような仮定の下でのライプニッツ係数を求めると，その値は17.2793，したがって逸失利益は

　　4126.7×17.2793＝71306.4（千円）

となる（表4.1. ケースE）。この額は，全期間にに亘って金利が5％であるとする通常の方法のそれ（70,810.4（千）円）よりも496.0（千）円，率にして0.7％高いだけであって，もしこの逸失利益を最後まで5％で運用したとしても，定年時の残額は3,491.8（千）円と，年当たりの基礎収入に及ばない。

この例は遠い将来の低金利を無視することはできても，事故直近のそれを看過することは極めて不公平な結果をもたらすが故に許されないということを示している。

利子率の値だけについて言えば同じでありながら，低金利がいつ生じたかによって，どうしてこのような大きな差が生まれるのだろうか。言うまでもないことだが，この差はライプニッツ係数の性質に因っている。ライプニッツ係数というのは被害者が全就労期間にわたっての所得を事故時点でまとめて受け取り，それを将来の退職時点まで運用するという前提で求められるのだから，事故直後の低金利は最初の5年間だけではなく40年先の資金運用にまで影響を及ぼすことになる。これに対し，最後の5年間の低金利はその5年間の資金運用（それも残り少ない資金の運用）に対して影響を与えるにすぎないのである。

本節の仮設例が示している意義を要約しよう。

逸失利益をできるだけ公正なものにするためには，

（1）　逸失利益を算定する時点で事実ないしは確実な予想値として利用できる利子率をそのまま用いてライプニッツ係数を算出すること。

（2）　遠い将来の予想値ではなく，事故直近の利率の値を重視すること。

この二点に照らせば，事故後，低金利の状況が続いていることを事実として認めながら，その低金利がいつまで続くかを予想することはできないからという理由で，全期間にわたって割引率を5％とするという多くの判決に見られる論理は誤っていることが分かる。それらの判決は，ライプニッツ係数がどのようなものであるか，将来の所得を割り引いて

逸失利益を算定することがどのような意味を持つか，ということを的確に理解していない。裁判所は逸失利益の算定方法をきちんと理解していないために不合理・不公平な結果を被害者に強制してきたし，現に強制していると言わざるをえない[8]。

(2) 一つの実例

この種の議論では実例を示すのが最も有効な方法なのかもしれない。そこで平成7年，当時大学3年生であった21歳の男性が高速道路上の衝突事故で死亡したケースを採り上げる。

この事故の損害賠償請求事件で，原告である被害者の両親は次のように主張した。

〈「現在の金利水準からすると，損害賠償金を年5％で運用することは不可能であり，金利水準が年利5％に上昇しそれが継続する可能性もほとんどない」。したがって5％の割引率を用いることは「逸失利益の額を極端な低額に押しとどめるものであり，その不合理性は顕著である」から「中間利息の控除は年4％のライプニッツ係数で行うべきである」。〉

これに対し一審判決（横浜地判平 12.6.27. 交民 33-3.）は被害者側のこの主張を認めず，通常用いられている定型的な方法によって被害者の逸失利益を算定した。即ち『賃金センサス（平成7年)』によれば大学卒男子労働者の全年齢平均賃金は 6,778.9（千）円であり，またこの被害者は事故の2年後（23歳）から67歳になるまでの44年間就労できたは

---

8) 本文で述べたように，同じ低金利であっても，「現在」の低金利の方が「将来」のそれよりもライプニッツ係数に対して大きな影響を与える。しかしその影響の度合いは被害者の年齢（したがってその就業可能期間）や低金利の程度等に依存するので，それについて一般的な結論を導き出すことは難しい。そこで一例として被害者の就労期間が40年という本文の数値例を基にして，各年の5％という金利が，事故時点から順に0％という低金利になると想定したうえで，それぞれの金利体系に対応したライプニッツ係数を求めてみる。即ち事故から n 年目の金利だけが0％で，残り39年の金利がすべて5％であるような場合のライプニッツ係数を，n＝1 から n＝40 までについて求めるわけである。その上で，このようなライプニッツ係数と低金利が生じなかった場合のそれ（即ち5％のライプニッツ係数 17.1590）との差を「低金利の影響の度合い」だと考えれば，付表に示したように，低金利が事故時点に近ければ近いほど「影響の度合い」は逓増的に大きくなり，1年目の影響の度合いは40年目のそれの 120 倍にもなることが分かる。同じような低金利であっても，それがいつ生じたかを問わずに十把一絡げにして扱うことは公平の立場からは許されない。

ずだから，割引率を法定利率の5％としてライプニッツ係数を計算すると（17.8800 − 1.8594）＝16.0206 になる。これらから被害者の逸失利益を求めると

　　6778.9×16.0206＝108602.4（千円）

となる[9]。これが一審の裁判所の認定額である。

　しかし平成7年というのは，その年の名目 GNP 成長率が0.8％であったことが端的に示すように，既に平成不況に突入していた「低金利」の年であった。実際，この年の定期預金金利（1年もの）は0.54％（年末値）にしか過ぎない。そしてこのような低金利の状態は少なくとも一審の口頭弁論終結時（平成12年，この時の金利は0.16％）まで続いていた。被害者はこのような低金利という事実を逸失利益の算定に反映させるべきだと主張したのである。

　しかし一審判決は原告のこのような主張に対して何ら検討を加えず（したがって現実の金利の動きに言及することもなく）「中間利息の控除は年4％のライプニッツ係数を基にするべきである……（とする原告の─引用者─）見解は当裁判所の採用するところではなく，中間利息の控除に関しては，年5分のライプニッツ方式によることとする」としただけで，原告の主張を文字通り一蹴してしまった。判決にはなぜ現実の低金利を無視するのか，なぜ割引率として法定利率の5％を採用するのか，ということについての理由は見当たらない。しかし民事訴訟法19条は，判決には「理由」を記載しなければならない，としている。逸失利益を算定する割引率の値はこの裁判の争点の一つなのだから，裁判所は，なぜ5％か，という理由を明らかにしなければならないはずである。割引率4％という原告の要求を拒否し5％を採るというのは論理の問題であり現実認識の問題であって心証の問題ではない。そこには何らかの理由があって然るべきである。

　このような反論を受けたこともあってのことだろうか，控訴審の東京高判（平12.11.8.判時1758.）は，割引率4％という被害者側の主張を「以下の理由により採用することはできない」（傍点は引用者）としている。その理由を要約すれば次のようになる。

9）　ただしここでも生活費控除は考慮していない。原判決では控除率は50％である。

3. 「二者併用」的な割引率   75

〈逸失利益の算定における控除割合と法定利率の5％とは「必ずしも同一の利率にしなければならないものではない」が，破産法，会社更生法などの規定に照らすと「将来の請求権の現価評価に当たっては法定利率により中間利息を控除するのが公平に適い妥当であるとするのが，現行実定法の一般的な理念」であり，したがって「逸失利益の算定における中間利息の控除についても，それが不合理，不公平であるとすべき特段の事情が認められない限り，民法が定める年5分の法定利率によってするのが相当」である。〉

これは裁判所が5％の割引率を採用する際に用いる典型的な理由なのだが，それに続けて東京高裁の判決は，原告の主張に直接に答えるためであろうか，金利について次のように述べる。

〈金利の動向については「最近の10年間は顕著な低金利の状態が続いていることは公知の事実」であるが，これは「バブル経済の崩壊によって生じている極めて特異な現象」であり，このような状態が「永続するものと即断することはできない」。特にこの事故の被害者の場合，その逸失利益は「口頭弁論終結時から約40年という長期にわたる」ものだから，その間の「金利の推移を現時点で的確に予測することは著しく困難」であり，このような場合には上に述べたような「理念」に基づき「その時々の金利動向等の高下にかかわらず，民法上の法定利率による方法が定着して用いられてきたことを考慮し，中間利息の控除割合を決すべきである」から，それが「不合理，不公平であるとすべき特段の事情を見いだすことができない」以上，「中間利息の控除に関し，年5分のライプニッツ方式を採用する」。〉

東京高裁のこの論理は正しいのだろうか。このことを考えるために，まず逸失利益108,602.4（千）円を，事故から控訴審の結審（平成12年）までの6年間は現実の利率（一年物の定期預金金利）で，それ以後は5％で，それぞれ運用しながら，そこから毎期6778.9（千）円の基礎収入を控除して行くというケースを考える[10]。この場合では被害者が48歳の時（定年の18年前）に逸失利益は底をついてしまうことになる（表

---

10) この間の金利は 0.54％，0.33％，0.32％，0.27％，0.16％，0.16％である。

表 4.2 逸失利益の残存期間 (実例)

ケース	割引率(%)	ライプニッツ係数	運用利率(%)	逸失利益(千円)	控除額(基礎収入)	残存期限(歳)	コメント
A	5.0	16.0206	5.0	108,602.4	6,778.9	67	従来の方式
B	5.0	16.0206	6年間は現実値.残りは5%	108,602.4	6,778.9	48	結審 (平12) までは現実の金利で運用
C	6年間は現実値.残りは5%	20.7969	13年間は現実値.残りは5%	140,980.5	6,778.9	48	ラ係数は結審まで現実値. 運用は平19年まで現実値

4.2. ケース B. なお, 以下適宜に図 4.4 を参照)。判決はこの結果を「不合理, 不公平であるとすべき特段の事情」にあたらないというのだが, このケースを (判決が暗黙のうちに前提としている) ケース A と対比すれば明らかなように, 裁判所のこの判断は首肯し難い。

ではどうすればもっと公正な判決が得られたのだろうか。そこで前節で行ったように, 少なくとも結審まで続いた低金利という事実をライプニッツ係数に直接に反映させてみる。いま, 平成 7 年の事故から民事裁判が結審を迎えた平成 12 年までの 6 年間についての割引率をその時々の銀行の定期預金金利 (1 年もの) に等しいとし, 裁判が終了した平成 13 年以降では割引率 (運用率) が法定利率の 5 % に戻ると想定して, ライプニッツ係数を求めてみる。現実の動きに照らせば, 割引率が平成 12 年の 0.16%から翌年に一挙に 5 %になるという想定は極めて現実性の乏しいものなのだが, それでもライプニッツ係数は 20.7969 となる。この係数を用いて逸失利益を求めると

6778.9 × 20.7969 = 140980.5 (千円)

となり, 判決よりも金額で 32,378.1 (千) 円, 率ではほぼ 30 % も高い結果が得られる。

言うまでもないことだが, もし結審の翌年から実際の金利が 5 % になったとすれば (定義的な関係から) 140,980.5 (千) 円の逸失利益はちょうど定年まで維持されることになる。しかし結審以降, 平成 19 年まで続いた低金利という既成の事実を運用利率に反映させれば (平成 20 年以

3. 「二者併用」的な割引率   77

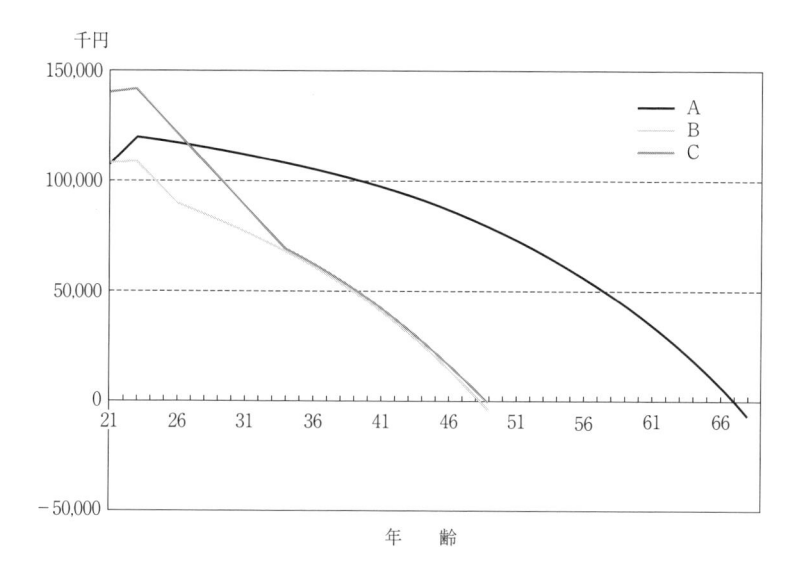

図4.4 逸失利益の残高推移（実例）

降，金利が5％になったとして計算しても）逸失利益は被害者が48歳の時点で底をついてしまうことになる（表4.2．ケースC）。140,980.1（千）円という逸失利益の額は従来のそれに比べれば高いことは確かだが，この場合の逸失利益としては決して過大なものではない。

このような分析に照らせば，割引率を毎期4％にするという被害者の主張は，4％に対応するライプニッツ係数は18.9985なのだから，極めて控え目なものにすぎないということが分かる。

以上の分析は「最近の10年間は顕著な低金利の状態が続いている」という「公知の事実」だけで，全就労期間にわたる金利を毎期4％としてライプニッツ係数を算出する根拠が十二分に得られることを示している。被害者は裁判所に提出した書面の中で「ライプニッツ係数，したがって逸失利益がどのような値を採るかということについて重要なのは，現時点の金利や近い将来の予想金利が低いという事実であって，遠い先の金利ではない」ということ，したがって4％の割引率を主張するのは「長期にわたって利子率が4％や3％になるという不確実な予想に依るものではない」ということを述べているのだが，東京高裁はこの指摘を（一審が原告の主張を無視したと同じように）完全に無視してしまっている。

何故なのだろうか。裁判所が被害者の主張の論旨を理解できなかった訳ではないだろう。それにも拘わらず，被害者の主張する論理に全く触れないというのは，裁判所が論理の正しさや結果の公平さよりも従来の慣習を重視するという保守主義の立場を採っているからではないのか。だからこそ割引率の問題については「その時々の金利動向等の高下にかかわらず，民法上の法定利率による方法が定着して用いられてきたことを考慮し，中間利息の控除割合を決すべきである」(傍点引用者)としたのではないか。ここでは明らかに論理よりも慣習が重視されている。

この結果，低金利という現実を逸失利益の算定に反映させないことが不合理ではなく，また理論上公平な値よりも 30％ も低い逸失利益を被害者に強いることも不公平ではないという常識に反する結論を裁判所は罷り通したのである。

なお付言すれば，被害者の両親はこの結果を受け容れ難いとして上告したのだが，民事訴訟法 318 条 1 項を楯に，最高裁はその上告を受理しなかった。いわゆる門前払いである[11]。

(3) 「併用法」の判例

この節の(1)では逸失利益の算定に低金利という現実を反映させる一つの方法として「二者併用」的な算定方法(以下，簡単に「併用法」)のあることを述べた。この方法は，ライプニッツ係数の値は遠い将来よりも事故直後の割引率の方により大きく依存するという性質に着目し，対象期間を二分してそれぞれに別個の割引率を適用するというものである。この方法によれば，前節で示したように，昨今の低金利という現実を逸失利益に反映させることで(割引率を全期間，共通の値にするという)従来の方法よりも，より公正な算定結果が得られる。しかし前掲の東京高判(平 13.11.8.)はこの「併用法」の考えを援用して割引率を 4％ とすべきだとした被害者の主張を一蹴してしまったのである。

ところが他方，数からすれば僅かだが，「併用法」を用いて逸失利益を算定した判決がある。この項では，そのような判決について検討する。

---

11) 同じようなケースとして，東京地判平 12.3.29. 判時 1756. とその控訴審判決である東京高判平 12.9.13. がある。

3. 「二者併用」的な割引率

　「併用法」を最初に採用したのは津地裁熊野支部の判決（平成12.12.26. 判時1763.）である。この判決で同支部は，交通事故で死亡した62歳の女性の逸失利益を算定するに際し，「少なくとも近い将来，預金金利が年5％に達するとの予測を立てるのは困難」であるから，被害者の就労可能期間である最初の12年間については「中間利息の利率は年2％として控除するのが相当」であるとし，その後，年金を受領することになる「平均余命に至るまでの12年間」については「金利の動向を予測するのは極めて困難であるから，この間の中間利息の利率は，民法所定の年5％によるのが相当である」とした。

　これに続いて札幌地判（平13.8.30. 判時1769.）も「併用法」を用いている。同地裁は，交通事故で右足切断，左足挫滅等の障害を負い，労働能力を100％失った20歳の男子被害者に対する損害賠償請求事件において，当時の低金利という状況に照らすと「原告の症状固定時である平成12年以降少なくとも5年間は……平均して年3％の資金運用しかできない状況が続く蓋然性が高い」が「その後の期間については蓋然性をもって資金運用利率を予測することはできないといわざるを得ない」とし，「原告の47年間の労働能力喪失期間のうち，当初の5年間は年3％を基準とし，その後の42年間は年5％を基準として……逸失利益を算定するのが相当である」としている。

　これら二つの判決は，逸失利益の算定期間を二分し，それぞれの期間に異なった割引率を適用するという「併用法」に拠っている点では共通している。ところが逸失利益を算定する具体的な計算方法ということになると，二つの地裁が用いたそれは同じではない。

　まず対象期間の前半が12年，後半も12年で，割引率は前半が2％，後半が5％であるとした津地裁熊野支部の判決では，割引率が2％で算定対象年数が12年のライプニッツ係数は10.5753であり，割引率が5％で対象期間が12年の係数は8.8633だから，（簡単化のためにここでも生活費控除を無視すれば）被害者の逸失利益はこれら二つの係数の和である19.4386に基礎収入を乗じて求められるとされている[12]。

　12）ただしこのケースでは，基礎収入に相当する前半の平均給与と後半の年金とは同額ではないが，ここでは説明を簡略にするためにそれらを同額としている。但し後出の表4・3は判決の計算方法に則している。

表4.3 逸失利益の修正（併用法）

津地裁熊野支部　　　　　　　　　　　　（単位：千円）

	金 額	差 額	誤差率（%）
判 決	20,473		
修正値（*）	19,522	951	4.9
修正値	20,019	454	2.3

札幌地裁

	金 額	差 額	誤差率（%）
判 決	93,011		
修正値	100,040	Δ 7,029	Δ 7.0
（装具費）			
判 決	12,514		
修正値	13,474	Δ 960	Δ 7.1
（計）判 決	105,525		
修正値	113,513	Δ 7,989	Δ 7.0

注）修正値（*）は判決の第一の誤りだけを修正し，札幌地裁の方法に拠ったもの
　　差額＝判決－修正値，誤差率＝差額／修正値

　しかしこの計算は明らかに誤っている。これでは前半の就労期間12年と後半の年金受領期間の12年とがどちらも事故時点からスタートすることになってしまう。後半の12年というのは事故から13年後に始まり24年後に終わる12年間だから，二つの係数を単に加えるというのは正しい方法ではない[13]。

　これに対し，札幌地裁の判決は津地裁のような誤りを犯していない。既に述べたように，札幌地裁のケースでは，前半が5年で後半が42年，割引率はそれぞれ3％と5％なのだが，後半の逸失利益は，割引率が5％で期間が47年のライプニッツ係数17.9810から，同じく割引率が5％で期間が5年の係数4.3294を差し引いた値13.6516に基礎収入（平

　　13）　この方法が正しくないことは，被害者が幼児や学生などの未就業者の場合にその逸失利益がどのように計算されるかを想起すれば明らかだろう。未就業者の場合の事故から就業までの期間が津地裁のケースの前半，就業してから退職するまでの期間が後半に相当すると考えればよいからである。なおこの場合の計算方法については第2章2.を参照のこと。

均所得）を乗じて算定されているからである[14]。

　この方法は被害者が幼児などの未就業者の場合に倣ったものだが，少し考えると，これもまた正しい計算方法ではないことに気づく。(17.9810 − 4.3294) というのは，前半も後半も割引率が５％である場合の６年目から42年目までの係数であって，これでは３％の時期と５％の時期とが連続していることにはならない。この方法では事故時点で受け取った逸失利益のうち，前半の所得による部分は年率３％で運用されるが，６年目以降の所得による部分については，（６年目以降だけではなく）最初から５％の率で運用されることになる。これは３％と５％という二つの割引率の二本立てである。しかしこの被害者にとっては，当初３％であった運用利率が途中から５％になるのだから，その逸失利益を算出する係数は一連のものとして求められなければならない。

　どうすれば正しい計算ができるのだろうか。答は簡単である。最初の５年は割引率が３％，残りの42年は５％という前提そのものに基づいた係数を計算すればよい。即ち，最初に受け取った賠償金１単位は，例えば20年後には$(1+0.05)^{20}$ではなく$(1+0.03)^5 \times (1+0.05)^{15}$となるのだから，20年後の所得の現在価値を求めるためにはその時の所得額を$(1+0.03)^5 \times (1+0.05)^{15}$で割ればよい。このことから容易に類推できるように，ライプニッツ係数の後半の部分は期間が42年で割引率が５％の係数 17.4232 を$(1+0.03)^5$で除した値（＝15.0294）になる。したがって全期間についてのライプニッツ係数はこの値に前半の期間５年，割引率３％の係数 4.5797 を加えてやればよい。19.6091 というのがその値である[15]。

　このような誤りによって，判決の賠償金額にどれほどの「誤差」が生じているのだろうか。表4.3はこのことを見るために正しい方法で逸失

　14）これら以外に，控訴審の段階で原告が，前半16年の割引率を２％，後半40年のそれを５％とするように主張した裁判がある（そこで原告が主張した逸失利益の算定方法は札幌地裁の判決の方法と同じである）。しかし札幌高裁は，理由は明らかではないが，２％と５％とを併用するという主張そのものを認めなかった（札幌高判平 13.5.30. 交民 34-6.）。

　15）このように見てくると，「併用法」の正しい算出方法は第３章で採り上げた「59年インフレ判決」で既に用いられていたことが分かる。しかし「併用法」を用いた裁判所はこのことに気付いていない。割引についての裁判所の理解度は，このことだけから判断すれば，明らかに退歩している。

利益を計算し，それを判決文の方法による金額と対比させたものである。津地裁熊野支部の場合，判決の金額は正しい値（修正値）よりも過大になっており，札幌地裁のケースでは逆に過小である。しかし金額にしろ率にしろ，誤差は決して無視できるものではないだろう。特に被害者が重度障害者である札幌地裁のケースでは（生活費が控除されず，装具費が加算されることもあって），判決の金額が正しい値よりも 800 万円近くも低くなっている。

　どうしてこのような計算違いが生じたのだろうか。それは代理人や裁判官が，将来の所得を割り引く係数が，5％なら5％，3％なら3％という，ある・一・つ・の割引率から求められなければならないという先入観に捕われているからではないだろうか。その結果，彼らは期間の途中で利率が変化するとしながら，ある一定の利率について求められた現存の「係数表」を機械的に利用することでしか逸失利益を計算しない。将来の所得を割り引くというのがどのようなことであり，したがってライプニッツ係数がどのようなものであるかを正確に理解していれば，各期の割引率がすべて同じなのは計算を簡便にするための仮定にすぎないことが分かるはずだし，それが分かれば「現在の低金利」と「将来の法定利率」とを併用する正しい計算方法に行き着くことができたはずである[16]。裁判所はライプニッツ係数がどういうものであるかをきちんと理解していない。

　もっとも，このような不備はあるにしろ，これらの判決が「併用法」を採用したこと自体は特記すべきことだし，低金利に如何に対処すべきかという観点からすれば，もっと注目されて然るべきなのだが，実際にはこれらの判決は一顧だにされていない。これは逸失利益の公正さよりも伝統的な方法への固執を優先させることに他ならない。逸失利益には何よりも公平さが求められるのだから，裁判所は逸失利益の原点に戻って，より柔軟に思考すべきである。

　16）　以上の考え方をより一般化すれば，割引率が期間ごとに異なるとした上でライプニッツ係数を算定することが可能だということになる。このような方法については，既に註7）で触れたように，拙稿〔1〕を参照されたい。

付表 低金利の影響度

ゼロ金利の年	ライプニッツ係数	5％の係数との差	指数(40年目=1)
なし	17.1590	—	—
1年目	18.0170	0.8580	120.8
5年目	17.8397	0.6807	95.9
10年目	17.6616	0.5026	70.8
15年目	17.5221	0.3630	51.1
20年目	17.4127	0.2537	35.7
25年目	17.3271	0.1680	23.7
30年目	17.2599	0.1009	14.2
35年目	17.2073	0.0483	6.8
40年目	17.1661	0.0071	1.0

引 用 文 献

〔1〕二木雄策「逸失利益算定の割引率―低金利をどう捉えるか」,『判例タイムズ』1063.(2001.9.)

第5章

逸失利益の「一般理論」
――金利と物価――

―――――

1. この章の問題

　まず，ここまでの議論の大筋を整理することから始めよう。
　逸失利益の算定というのは，被害者が事故に遭わなければ受け取ることができたはずの利益（所得）の現在価値を求めることである。従ってこれには被害者が手にしたであろう将来の所得と，それを現在の価値に引き戻すための割引率（利子率），という二つの要因が係ってくる。逸失利益の算定は往々にして「中間利息の控除」と言われるのだが，これは正確な表現ではない。逸失利益は利息の計算だけではなく所得推計の問題でもあるからだ。だからこそ，公正な逸失利益とは，事故時点で支払われた金額を適当な利率で運用しながら，そこから被害者が手にしたはずの所得を控除して行くと，就業期間の最後に残額がちょうどゼロになるような額だということになる。
　実際の算定では，事故時点での被害者の収入や『賃金センサス』などを基にして求められた将来の年間所得（基礎収入）を法定利率の5％で割り引くことで逸失利益が求められている。しかしこの方法に対してはこれまでに少なくとも二つの問題が提起された。一つは第3章で採り上げたインフレーションの問題であり，いま一つは第4章の低金利の問題である。前者は昭和35年頃からの高度成長期に提起されたものだが，少なくとも物価の騰貴を考慮に入れなければ公正な逸失利益は求められないのではないかという疑問で，これは基本的には（名目）所得の問題

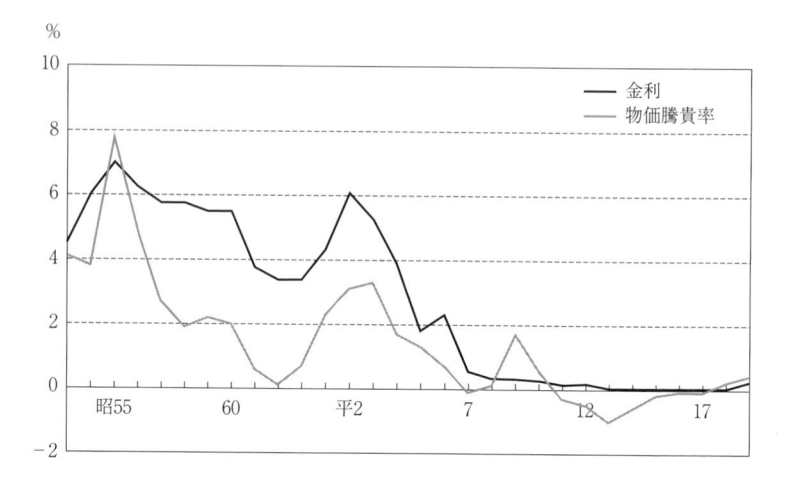

図5.1.A 金利と物価の動向

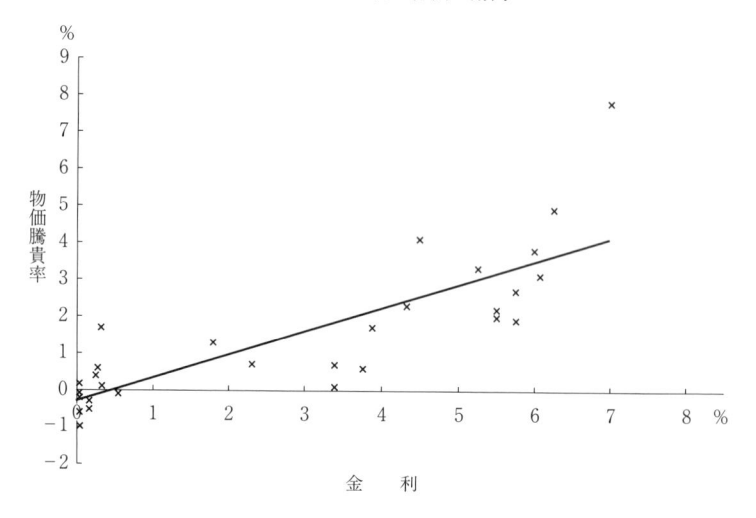

図5.1.B 金利と物価の相関

である。後者の方はバブル経済の破綻以降に提起された問題だが，預金金利が1％を大きく下回るような状況の下で5％の法定利率で将来所得を割り引くことが果たして公正なのだろうかという疑問で，これは利・子・率・に係っている。

ところで，このような二つの疑問は，前2章で述べたように，これま

1. この章の問題

ではそれぞれ別個に議論されてきた。しかし経済事象として見ると，物価と金利とは密接に結びついている。この事実は，逸失利益の算定においてはインフレの問題と低金利の問題とを，別々にではなく，同時に考えなければならないことを示唆している。

物価と金利とが結びついているということは，経済成長率が10％を超えた昭和30年代後半以降の高度成長期では，物価は相当程度に騰貴していたが定期預金金利（1年物）も5％を超えていたこと，逆に経済成長率が時にはマイナスにもなった平成のデフレ期では定期預金金利が0.03％という限りなくゼロに近い値にまで低下したこと，を見れば少なくとも直観的には容易に確認できる。

実際，金利の自由化が緒につきだした昭和53年以降について，（1年物）定期預金の金利と消費者物価指数の騰貴率との経時的な動きをグラフに示すと，それらが明らかに相関していることがわかる（図5.1.A）。この事実は利子率と物価騰貴率（インフレ率）とをそれぞれ独立に扱うというこれまでの考え方はどこかで間違いを犯しているのではないか，ということを示唆している。利子率とインフレ率とが相関関係にある以上，利子率の大きさをある値に決めることは同時にインフレ率の値を決めることにもなるのだから，これまでのように，利子率を5％としながら物価騰貴率には触れない（実質的には物価騰貴率をゼロとする）という方法が果たして公正なものなのだろうかという疑問は当然に生まれてくる。実際，過去の動向からすれば（図5.1.B.が示すように），金利が5％であれば物価騰貴率は3％近い値になると考えなければならない。また逆に，基礎収入を事故時点の『賃金センサス』の値に固定することで将来，物価が騰貴しないとするのであれば（図5.1.Bが示すように）金利は1％未満となる可能性が高いと考えるべきである。このことからすればこれまでのように利子率を毎期5％という高さに保ちながら物価騰貴を考慮しないというのは，物価水準はデフレ期にあるが利子率はインフレ期やバブル期のそれであるという矛盾した組み合わせを考えるということであって，そこから公正な逸失利益を算出することは期待できない。

資金の運用利率とインフレ率，更には所得成長率をも逸失利益の算定方法の中に同時に持ち込まなければならないという指摘は一部では以前

からなされていたのだが,ことが経済事象に関係するからだろうか,法の世界では殆ど顧みられることはなかった[1]。しかしバブル経済の崩壊以降,長年にわたって続いてきた低金利が従来の逸失利益算定方法の矛盾を際立たせたことは確かだし,その結果,法律家といえどもその矛盾に気づかざるをえなくなったのも確かなことだろう。第8章で採り上げる一連の判決が実務における新しい動きを反映しているのだが,理論の面では松元安子氏の論文『逸失利益の算定と金利低下について』〔4〕が,このような矛盾に触発された嚆矢的な所産の一つであると言ってよい。

　松元氏の論文のポイントは,バブル崩壊後のデフレ期に際し低金利だけを取り出して論じてきたこれまでの視点に疑問を呈し,利子率に加え「インフレ率や期待賃上げ率も視野において」逸失利益を求めなければならないとした着眼点にある。即ち氏は「現在の低金利下ではインフレ率や将来の期待賃上げ率も低下している」という事実に注目し,「経済の実態が様々な要素の変動によってでき上がっている中で(利子率という)その一つの要素だけを採り上げて(逸失利益の―ともに引用者―)是正を試みることに無理がある」と明言しているのである。この文章は金利,インフレ率,賃上げ率の間に相関性のあること,従ってこれらのうちの一つだけを独立に取り出して逸失利益の算定を論じるのは一面的であること,を指摘している。この文章は経済的な事実を逸失利益の算定に反映させなければならないとした至言だと言ってよい[2]。

　松元氏のこのような論理に従えば,次の課題は金利だけではなくインフレ率や賃金上昇率を逸失利益の算定にどのように反映させるかを直接に論じることになるはずである。ところが氏はそのようには論を進めない。そうではなくて「経済の実態が変動したからといって金利のみを変動させることは,むしろ均衡を失する結果を招くことになる」からという理由で,これまで通り「中間利息控除率を5％に維持する」のが「妥当である」として,旧来の方法に逆戻りしてしまうのである。これは尻窄みではないか。「一つの要素だけを採り上げて是正を試みることに無

---

1) 例えば拙稿〔1〕,〔2〕,〔3〕。
2) この節での引用は,特に断らない限りすべて松元〔4〕による。

理がある」のなら，採り上げる要素を増やすのが筋であって「無理がある」からといって採り上げた要素を旧来の姿に戻してしまっては旧の木阿弥である[3]。

更に氏は「現行のライプニッツ式においてインフレ分を考慮していない点を是正する」という方法を採れば「算定式がいたずらに複雑になることは避けられない」から5％の割引率を維持すべきだとも言う。しかしたとい「是正」することで算定式が複雑になろうとも，論理的に正しい方法を用いるのが筋だろう。

そこでこの章では利子率が変化するだけではなく，それに対応して所得や物価も変化するという「一般的な」場合に，これらの変化を逸失利益の算定方式にどのように反映させるかを考える。

2. 算定の「一般理論」

(1) 基本的な関係式

この問題を考えるための準備として，先ず分析に必要な関係式を示しておく。

出発点になるのは既に第2章で示した

$$Y(n)/(1+i)^n = A(n) \tag{5.1}$$

である。この式はn年後の将来価値Y(n)と一定の利子率iとが与えられると，Y(n)の現在価値A(n)が求まることを示している（この場合，iは利子率ではなく割引率と言われることが多い）。逸失利益の算定というのは，被害者が事故に遭わなければ手にすることができたはずの将来の利益を現時点で補償するような金額を求めることだから，将来の値の現在価値を求めるこの関係式 (5.1) がここでは重要な役割を果たすのである。

そこでまず問題となるのは，Y(n)をどのようにして決めるか，である。言うまでもないことだがY(n)は死亡してしまった被害者が将来，手にすることができたはずの利益（＝所得）だから，その値を事実とし

---

[3] もっともこれまでの方法に戻ることを正当化するために氏は一つの「例」を示している。この「例」については，「補論」でやや詳細に検討する。

て認定することはできない。それは何らかの仮定に基づいて予測せざるをえないのだが，これについては，基本的には次の三つの立場が考えられよう。

　第一は，将来の所得を事故時点(n＝0)のそれと同額だとする立場である。これはY(n)＝Y(0)とすることだから，(5.1) 式は，

$$Y(0)/(1+i)^n = A(n) \tag{5.2}$$

となる。既に述べたように，現在用いられている逸失利益の算定方式は，将来の所得Y(n)を事故時点での基礎収入Y(0)と同額であるとし，利子率を5％としたうえで，就業期間の年ごとに成立する (5.2) 式のA(n)をnについて合計したものに他ならない。

　しかし現実の経済事象に照らすと，図5.1.Bが示すように，利子率が5％であればそれ相応の物価騰貴が生じているはずである。それにもかかわらず将来の名目所得は変わらないとするのだから，このケースでは被害者の生活水準は実質的には低下することになる。逸失利益の算定という観点からすれば，これは不公平である。

　そこで物価騰貴を所得に反映させ，Y(n)は事故時点の実質所得に等しいと想定するのが第二の立場である。簡単に言えば，将来についても現在と同じ生活水準を被害者に補償するというわけである。この場合には，pを（各期共通の）物価騰貴率とすると，Y(n)＝(1+p)^n×Y(0)となるから (5.1) 式は

$$(1+p)^n \times Y(0)/(1+i)^n = A(n) \tag{5.3}$$

となる。ただしこの式の左辺は

$$(1+p)^n \times Y(0)/(1+i)^n \fallingdotseq Y(0)/(1+i-p)^n \equiv Y(0)/(1+r)^n \tag{5.4}$$

となるから，n期の所得Y(n)の現在価値はY(0)を実質利率r≡(i−p)で割り引いた値であるということになる。この方法では利子率iだけではなく，それとの間に強い相関性のある物価騰貴率pもまた，逸失利益の算定額に関与してくる。

　Y(n)についての第三の立場は，物価騰貴だけではなく，実質的な経済成長をもY(n)に反映させるというものである。言い換えれば，現在と同じ生活水準に止まらず，将来の経済成長にともなう生活水準の上昇分をも被害者に補償しようというわけである。この場合，gを（各期共通の）経済成長率（正確には一人当たりの賃金成長率）とすれば，(5.2)

式は

$$(1+g)^n Y(0)/(1+i)^n = \{(1+g)/(1+i)\}^n \times Y(0)$$
$$\fallingdotseq \{1/(1+i-g)^n\} \times Y(0) = A(n) \tag{5.5}$$

となり，n期の所得の現在価値はY(0)を(i−g)という割引率で割り引いた値になる。gは名目成長率であり，それは（近似的には）物価騰貴率と実質成長率との和だから，ここでは利子と物価騰貴だけではなく，経済の実質的な成長も斟酌されることになる[4]。

このように見てくると，利子率と物価騰貴率や所得成長率との間に密接な関係があるという現実を踏まえたうえで公正な逸失利益を算定しようとすれば，従来のように基礎収入を利子率で割り引くのではなく，利子率に物価騰貴率や所得成長率をも加味した新しい割引率で割り引けばよい，ということが分かる。

なお以上の分析は逸失利益の算定においてインフレや経済成長率を斟酌するためには，利子率（ないしは運用利率）とそれに物価騰貴率や成長率を加味した割引率とを明確に区別しなければならないこと，言い換えれば従来の方式では物価騰貴率や成長率をゼロとしていたからこそ割引率と利子率とを区別する必要がなかったこと，を示している。この点にさえ注意すれば，物価や所得の動きを考慮したからといって，そのために「逸失利益の算定式がいたずらに複雑」〔4〕になるわけでは必ずしもないことが理解されるはずである。

では現実の問題として，逸失利益を算定するためにはどのような算定方法を採り，どのような値の割引率を用いればよいのだろうか。次に一つの「例」を基にしてこの問題を考える。

(2) 仮設例

以下では次のような仮設例を採り上げる。
① 事故発生時点は昭和53年である[5]。

---

4) 実質成長率g^*は$g^* = (g−p)$だから，この方法は実質利子率−実質成長率($=r−g^*$)を割引率にする，と言い換えてもよい。
5) ここで事故の発生を昭和53年(1978)としたのは，この頃から利子率と物価騰貴率・所得成長率との関係が，それ以前よりも安定的になったからである。池田内閣が発足した昭和35年(1960)をわが国経済の一つの転機と見れば，東京オリンピック（昭和39，

表 5.1　逸失利益の残存期間

ケース	割引率(%)	ライプニッツ係数	逸失利益(千円)	運用利率(%)	物価	控除所得(実質)	消滅期(歳)	算定方法の特徴
A	5.0	18.1687	46,740.9	5.0	P(0)	Y(0)	67	従来の方式
B	5.0	18.1687	46,740.9	現実値	P(t)	Y(t)	38	運用利率・控除額を現実値に
C	5.0	18.1687	46,740.9	5.0	P(t)	Y(0)	42	控除額に物価の変化を反映
D	5.0	18.1687	46,740.9	現実値	P(0)	Y(0)	52	運用利率だけを現実値に
E	2.0	31.0520	79,884.6	現実値	P(t)	Y(0)	64	逸失利益に物価の変化を反映
F	0.5	43.3635	111,556.9	現実値	P(t)	Y(t)	70	逸失利益に経済成長をも反映
G	2.0	31.0520	79,884.6	逆転値	P(t)	Y(0)	55	Eの金利動向を逆転
H	0.5	43.3635	111,556.9	逆転値	P(t)	Y(t)	65	Fの金利動向を逆転

*) Y(0)：基準時（昭和53年）の（実質）所得
　 Y(t)：各年の実質所得
　 P(t)：各年の物価水準（昭和53年基準）

② 死亡した被害者の年齢は18歳，従ってその就業可能期間は本人が67歳になる平成39年までの49年間である。

③『賃金センサス』によれば，事故時点での（男女双方を含んだ）全労働者の全年齢平均賃金は2,572.6（千）円であるから，これを被害者の基礎収入とする。

1964年）を間に挟さみニクソンショック（昭和46，1971年）に至る迄の10年余りは高度成長の時期であったと言える。この間，国民所得は毎年ほぼ2桁の率で成長し，消費者物価も4～7％の率で騰貴した。しかし預金金利は日本銀行・大蔵省によって規制されており，従って金利と物価や経済成長率とは，市場を通して連動するという関係にはなかった。その後，オイルショックによりわが国の経済は20％を超える物価騰貴とマイナス成長という，かつてない異常な事態に追い込まれた。しかしその危機を脱した昭和52年（1977）頃から，日本経済はいわゆる安定成長の時期に入る。一方，金融の面ではこの頃から金利の自由化が始まり，物的な指標と金融的な指標とが市場を通して相互に連動するようになってきた。その後，平成2年（1990）のバブル崩壊を切っ掛けにして，わが国経済はかつて経験したことのないデフレ期に入るのだが，ここでは利子と物価や経済成長率とは，原則的には，市場を通して相互に連動していたと言ってよい。

2. 算定の「一般理論」　　93

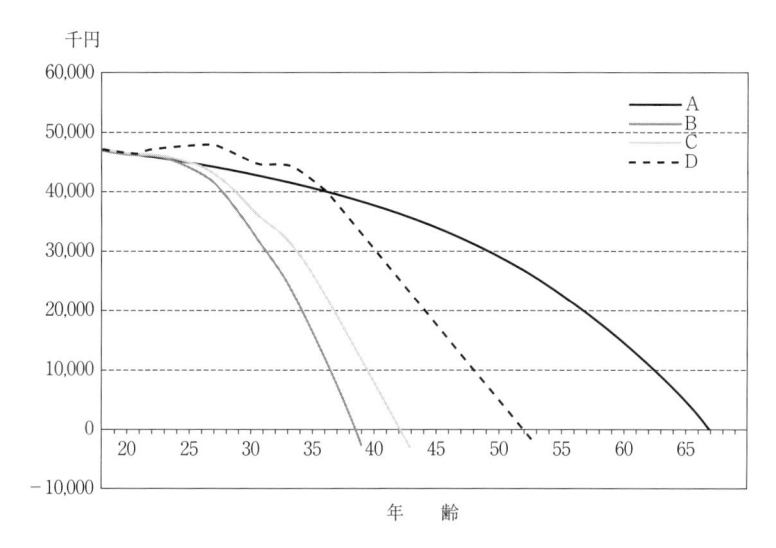

図5.2.(1)　逸失利益の残高（1）

④　利子率は5％とする。従ってこれを割引率とすれば，49年に対応するライプニッツ係数は18.1687である。

以上を基にし，これまで通りの算定方法で逸失利益額を算定すると（簡単化のためにここでも生活費控除を無視する）

　　2572.6×18.1687＝46740.8（千円）

となる。

問題はこの逸失利益が公正なものか否か，もし公正でないとすればどのような方法を用いて逸失利益を算定すべきか，である。なお，以下の叙述については適宜，表5.1及びそれに対応した図5.2を参照してほしい。

いま，この46,740.8（千）円を5％の率で運用しながら，そこから将来の所得相当額として事故時点（昭和53年）の全年齢平均賃金2,572.6（千）円を毎年，控除して行くと，当然のことだが，被害者が67歳になった時点で，手持ちの資金はちょうどゼロになる（表5.1. ケースA）。これは46,740.8（千）円を事故時点で一括して受け取るのと，事故から先49年にわたって毎年2,572.6（千）円の所得を受け取るのとは「等価（equivalent）」であることを意味しており，これが従来の方法

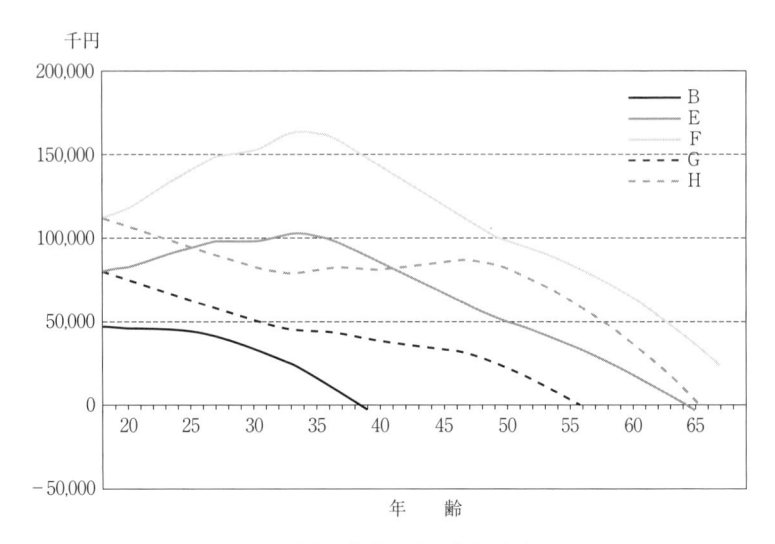

図 5.2.(2)　逸失利益の残高（2）

の正当性を保証していると言われてきた。しかしこの説明には陥穽がある。この説明は金利が5％であるにもかかわらず物価騰貴率や経済成長率がゼロであるという非現実的な状況が49年間に亘って続くという幻想的な仮定に基づいているからである。実際，46,740.8（千）円の逸失利益を事故時点で受け取った被害者が，それ以降，現実の利子率（1年物定期預金金利）でそれを運用しながら，生きていたとすれば毎年受け取ることができたであろう各年の所得（『賃金センサス』の全年齢平均）を控除して行くと，逸失利益は被害者が僅か38歳の時点で底をついてしまうことになる（表5.1. ケースB）。逸失利益は被害者が67歳まで働き続けることで得られる所得の現在価値なのだから，この結果は公正であるとはとてものこと言うことはできない。

　もっとも，このような手法に対しては，既に死亡した被害者は事故後に発生する経済成長の成果を享受することはできないのだからその分は逸失利益に含ませる必要はない，という議論もあり得よう。そこでこの説に従い，控除される所得に物価騰貴分だけを反映させることで事故時点での所得と実質的に同値の金額を逸失利益から控除して行くというケース（ただし運用利率は5％のまま）を考える。この場合には，資金が手許に残る期間は被害者が42歳までの4年間延びるだけで，これもまた

公平には程遠い結果だと言わなければならない（表5.1. ケースC）。このようなことになるのは被害者の実質所得が不変であっても，価格が騰貴する分，逸失利益から差し引かれる金額（名目額）が毎年増加するからであって，従ってこれまでの算定方法が公正なものであるように見えるのは，逸失利益から控除される所得金額が実質的には減少して行くこと，言い換えれば被害者の生活水準が（社会の平均的なそれに比してだけではなく）絶対的な意味においても低下して行くことを前提にしているからだということになる。被害者に生活水準の実質的な低下という犠牲を強いるような逸失利益は公正なものではない。

　他方，5％の金利についてはどうだろうか。わが国の金利の動きから判断すれば，5％以上で資金を運用できることはあり得るが，逆に5％での資金運用ができなくなる可能性も十分にある（図5.1を参照）。そこで46,740.8（千）円という逸失利益を昭和53年以降の現実の金利（1年物定期預金金利）で運用しながら，そこから毎年2,572.6（千）円の基礎収入を控除して行くというケースを考える。この場合には（平成20年以降の金利についてはある仮定をおいてのことになるのだが[6]）被害者が52歳の時に逸失利益は底を突いてしまう（表5.1. ケースD）。67歳まで残るはずの資金がそれより15年も前に消滅してしまうのは，時には金利が5％を超えるという高金利から出発した経済が途中から超低金利の時代に突入し，5％での資金運用が夢に終わってしまったからである。5％という割引率は，現実の利子率の動きと対比すると，高すぎるのである。この結果もまた，現行の算定方法が公正なものではないことを示している（以上については図5.2.(1)を参照のこと）。

　現行の算定方法はどうしてこのような不公正な結果しかもたらさないのだろうか。それは要するに，現行の算定方法が経済の現実の動きを反映していないからである。より正確に言えば，現行の方法は，一方で現

　6）この例では，本人の就業期間は平成38年末までである。しかし現時点で利用できる指標はせいぜい平成20年までのものだから，逸失利益がいつ底を突くかという計算を行うためには，それ以降の期間については，金利，物価騰貴率，所得成長率の値を想定しなければならない。ここでは資料の利用が可能である期間についての平均値をそれに充てている。もちろんこれ以外の仮定を用いることは可能だが，この種の計算では，すでに第4章で指摘したように，先に行けば行くほど指標の値が結果に与える影響は小さくなる。なお，平成20年迄に逸失利益が底を突いてしまうこれまでのケースでは，このような想定は不要であった。

実の裏付けのない5％の法定利率を割引率として用いながら，他方ではその5％に相応する価格や所得の変化を算定方法に取り入れていないからである。逸失利益が公正なものであるか否かは，詰まるところは「事実」によって決まる問題であるにもかかわらず，従前の方法は利子率の値だけでなく，それと所得や物価との間に存在する量的関係という「事実」をも完全に無視してしまっている。これでは公正な結果は得られない。公正な逸失利益を算定するためには指標相互間の量的な関係を重視し，第2節で示した基本的な関係式（5.4）や（5.5）を用いることでそれらを算定方法に反映させなければならない。

　そのためには，物価・賃金の平均上昇率を算定する必要がある。そこでこの「例」の対象期間のうち，統計資料の利用が可能である（昭和53年から平成20年までの）31年間について指標の平均値を求めると，金利（1年物定期預金金利）の平均が2.85％，物価騰貴率のそれが1.44％となる。ここから実質金利の平均値は1.41％となるから，（5.4）式に従いこれを割引率としてライプニッツ係数を求めるという方法がまず考えられる。これが金利だけではなく，物価変動をも斟酌した場合の常套的な逸失利益算定方法だと言ってよい。

　しかしこの方法に対しては，5％という法定利率が完全に分析の圏外に追いやられてしまうという点に不満を持つ人があるかもしれない。法の建前からすれば逸失利益の算定においては法定利率が用いられるべきだ，とも考えられるからである。この考え方に従えば，利用可能な資料を基にして金利と物価騰貴率との間の一次回帰式を最小自乗法で推定し，その上で5％の利子率に対応する物価騰貴率を求めればよい。推定された回帰式は

　　　物価騰貴率 = 0.63 × 金利 − 0.30　　　　R^2 = 0.68
　　　　　　　　　(0.08)　　　　(1.12)　　　（　）は標準誤差

となるから5％の金利に対応する物価騰貴率は2.85％，従って実質金利は2.15％になる。

　これら二つの方法のうち，前者は利子率と物価騰貴率との現実値から実質金利を直接に導出するという点で逸失利益の算定は事実の問題であるという考え方に立っているし，後者は利子率を5％とするという点で法定利率を用いるという従来の算定方法を踏襲している。私自身は逸失

2. 算定の「一般理論」

利益算定のための利子率は法定利率とは質を異にするのだから割引率の値は現実の経済指標から決めるべきだと考えるので前者に与するのだが，法の世界には法定利率を重視する根強い立場のあることは否定できない[7]。その意味ではこれらはどちらも考えることのできる方法の一つであって，何れかが正しいという二者択一的な性質のものではないのかもしれない。ただし5％という法定利率を用いるのは，現実の平均利率（2.85％）よりも高い利子率を想定するということだから，割引率として用いられる実質金利もその分高めになる。そこで以下では妥協的な処置だという謗りは免れ難いが，二つの方法の中間を採り割引率を2％として論を進める。

割引率を2％とした場合のライプニッツ係数（49年）は31.0520だから，逸失利益の額は

2572.6×31.0520＝79884.6（千円）

になる。この額はこれまでの方法による額の1.7倍にもなるのだが，だからといって高額にすぎるということには必ずしもならない。逸失利益が公正か否かは，算出された額そのものの多寡を従来の方法による額と比較することによってではなく，被害者の蒙った損失額が正当に補償されるか否かによって判断されなければならないからである。

そこで，被害者がこの金額を現実の金利で運用しながら，事故時点基準の実質所得額を毎年控除して行くと考える。この場合には受け取った逸失利益が底を突くのは，被害者が64歳の時になる（表5.1. ケースE）。この結果は42歳にして逸失利益が底を突いた割引率5％のケース（表5.1. ケースC）よりも公正なだけではなく，被害者が67歳の時点でその残高がゼロになるという（逸失利益が公正であるための）条件にもほぼ適合していると言ってよい。

次いで，物価騰貴分だけではなく実質的な経済成長の成果をも被害者に補償すべきだとしてみよう。この場合には，前出の(5.5)式で示したように，利子率から名目所得成長率を差し引いた値を割引率とすればよい。そこでこれらの指標の値を昭和53年から平成20年までの間の平均値で表すと，金利が2.85％，賃金の成長率が2.42％となるから，割

---

7) この点については第8章を参照してほしい。

引率は 0.43% になる。また金利と賃金成長率との間の回帰式を最小自乗法で求め，それを基にして 5% の金利に対応する成長率を求めると 4.54% だから，この方式による割引率は 0.46% と，平均値の場合とほぼ同じ値になる[8]。

これらの結果から，いくらか控え目に割引率を 0.5% としてライプニッツ係数（49 年）を求めると 43.3635，従って逸失利益は 111,556.9（千）円になる。この金額をそれぞれの年の現実の金利で運用しながら，そこから各年の平均賃金を差し引いて行くと，逸失利益が底を突くのは被害者が 70 歳の時になる（表 5.1. ケース F）。逸失利益が物価騰貴，経済成長の双方を含むような将来所得を補償するという場合には，割引率を 0.5% という極めて低い値にすると，逸失利益はやや過分に算定されることになる（以上については図 5.2.(2) を参照）。

ただしこの仮設例では逸失利益を運用する現実の金利が，時の経過に従い，高金利から低金利へと変化していることに注意しなければならない。もちろんこれは現実の金利がそのように動いてきたからなのだが，既に前章で指摘したように，このような金利の動きは，金利が低金利から高金利へ動くという逆の場合に比べると逸失利益が底を突く時点を先に延ばす効果を持っている。この例の場合には，手許に多額の資金が残っている間は高い金利でそれを運用することができ，低金利でしか資金を運用できなくなった時には手許の資金の大半が既に控除されてしまっているからである。

そこで，これは全く架空のことなのだが，事故が生じたのは低金利の時であり，その後，経済情勢が徐々に高金利へ移行すると想定して，同じような計算を行ってみる。より具体的に言えば，昭和 53 年から平成 20 年までの時の流れをいわば逆転させ，金利の値が（平成 20 年の）低い値から始まり（昭和 53 年の）高い値に向かって変化して行くと想定するのである[9]。

このように金利動向を逆転させ，（それに応じて物価や所得の動きをも

---

8) 回帰式は

$$\text{賃金成長率} = 0.94 \times \text{金利} - 0.16 \qquad R^2 = 0.84$$
$$\qquad\qquad\quad (0.08) \qquad\quad (1.06)$$

9) ただし数値を逆転させたのは平成 20 年迄の期間についてだけである。

逆転させた上で）事故時点での実質所得を逸失利益から控除して行くと，それは被害者が 55 歳の時点で底を突くことになる（表 5.1. ケース G）。この場合には低金利から出発する分だけ手許の逸失利益は早急に減少し，従ってその分，逸失利益は早く底を突くことになるからであって，その結果 2 ％の割引率は決して低すぎる訳ではないということになる。

また逸失利益は経済成長の分をも補償すべきだとすれば，逸失利益が消滅するのは被害者が 65 歳の時となり，0.5％という割引率は被害者にとって過分だとは言えないことになる（表 5.1. ケース H）。

このような結果を見る限り，かつての高金利の時に割引率を 5 ％にしたこととのバランスを考えてとか，低金利は一時的な現象にしかすぎないからとかという理由で，昨今のような低金利の時にも割引率を 5 ％にして逸失利益を算定するという往々にして見られる裁判所の論理は，論理としてだけではなく，現実的な意味においても間違っているということが分かる。裁判所は形式に拘泥するあまり実際には極めて不公平な結果を被害者に強制しているのである（以上についても図 5.2.(2)を参照）。

以上のように，現実の経済の動きに照らして検討してくると，基礎収入を一定としながら 5 ％という割引率を用いるという現行の逸失利益算定法は経済の動きを無視した不合理かつ不公平なものであり，それが如何に苛酷な状況を被害者に強制しているかが分かる。このような不公平を避けようとすれば，利子率だけではなく物価騰貴率，更には所得の動きをも考慮することで割引率の値を引き下げなければならない。その引き下げ幅は逸失利益が補償する将来所得をどのようなものと考えるかに大きく依存して決まるのだが，それに加え，事故直後の金利水準によっても影響される。過去の経済の動きから分析する限り，補償される所得に物価変動だけを反映させる場合には割引率を 2 ％まで，経済成長をも考えに入れる場合には 0.5％にまで，それぞれ低下させたとしても，逸失利益は必ずしも行き過ぎた額にはならないということになる。とりわけ事故直後にも低金利の状態が続くような場合には，それに応じて割引率を大幅に低下させなければ，公正な結果は決して得られないことになる。

しかしわれわれの社会で現に用いられているのは，現実の金利動向を無視し 5 ％という法定利率に固執しながら，この利子率に対応する物価

騰貴や経済成長を考慮しないという独断的で偏頗な方法である。このような方法によって算定された逸失利益は，逸失利益とは言いながら被害者の将来所得を極めて不十分にしか補償しない。現行の逸失利益は被害者の犠牲の上に成り立っているのである。

　この章の分析は，私たちの社会では人間の生命の評価において，経済の動きを無視し，ただ従来の慣習に従うという極めて安易な方法が採られてきたこと，その結果，被害者は極めて不十分な逸失利益を強要させられてきたこと，を示している。しかし，当然のことだが，このような不公正がもたらされたのは採用された逸失利益の算定方法そのものが誤っていたからではない。算定方法はあくまでも中立的なものであって，被害者にとって不公平で苛酷な結果をもたらしたのは，伝統的な算定方法に盲従するだけで算定方法の検討を怠り，それを用い続けてきた人間の行為である。第8章では一つの最高裁判決を検討することを通してその「責任」について更に考える。

3. 補　論

　松元氏は，被害者の「腕に障害が残り，3年間に亘り年収100万円の減収が見込まれるケース」を例として採り上げる[10]。
　まず割引率を5％とする現行の方法によれば，このケースでの逸失利益は285.9万円になる（松元〔3〕のケースaに相当）から[11]，これを年

---

10) ただし，松元氏の「例」を検討するについては，以下の点に注意しなければならない。
① 氏は所得ではなく，それから消費を差し引いた貯蓄の多寡を指標として議論を進めている。しかし逸失利益の算定というのは所得の問題だからその算定法の是非を論じるために貯蓄を持ち込む必要はない。
② 氏はインフレ率だけではなく所得成長率をも考慮すべきだとしている。しかし氏の「例」ではインフレ率とそれにともなう名目所得の変化とは考慮されているが，実質所得そのものの変化（経済成長）は考慮されていない。以下で所得成長率に言及していないのはこのためである。
11) 年収100万円，就業期間3年の逸失利益を通常のライプニッツ係数表（5％）を用いて計算すると272.3万円となり，松元氏の結果と食い違う。これは各期の所得が期首に支

3. 補　論

付表

	利子率 (%)	インフレ率 (%)	割引率 (%)	逸失利益 (万円)	残金 (万円)	備　考
ケース 1	5.0	考慮せず	5.0	285.9	0	
ケース 2	5.0	3.0	5.0	285.9	Δ 9.3	松元, c
ケース 3	2.0	0.0	5.0	285.9	Δ 8.6	松元, d (1)
ケース 4	2.0	0.0	2.0	294.1	0	松元, d (2)
ケース 5	0.04	0.0	5.0	285.9	Δ 14.0	現行の方法
ケース 6	5.0	3.0	2.0	294.1	Δ 0.2	実質利率の採用

　　　　　　　　ケース 1　　　　　　　　　　　　　ケース 2
1年目　(285.9−100)×1.05＝195.2　　　(285.9−100)×1.05＝195.2
2年目　(195.2−100)×1.05＝100.0　　　(195.2−1.03×100)×1.05＝96.8
3年目　100.0−100＝0　　　　　　　　96.8−1.03×1.03×100＝(−)9.3

　　　　　　　　ケース 3　　　　　　　　　　　　　ケース 4
1年目　(285.9−100)×1.02＝189.6　　　(294.1−100)×1.02＝198.0
2年目　(189.6−100)×1.02＝91.4　　　　(198.0−100)×1.02＝100.0
3年目　91.4−100＝(−)8.6　　　　　　100.0−100.0＝0

　　　　　　　　ケース 5　　　　　　　　　　　　　ケース 6
1年目　(285.9−100)×1.0004＝186.0　　(294.1−100)×1.05＝203.8
2年目　(186.0−100)×1.0004＝86.0　　　(203.8−1.03×100)×1.05＝105.8
3年目　86.0−100＝(−)14.0　　　　　　105.8−1.03×1.03×100＝(−)0.2

利5％で運用しながら，そこから毎期100万円を引き出して行くと，付表のケース1に示したように，3年目には残金がちょうどゼロになる。運用利率が割引率と同じ5％で，逸失利益から引き去られる所得が毎期100万円である場合には，この算出方法は公正である。

しかし松元氏はこのようには考えない。運用利率が5％であれば「かっての経済状況を念頭」に置く限り，それ相当のインフレを伴うはずだと考えるのである。氏のこの指摘は正しい。そこでインフレ率を3％とし，100万円の実質所得を逸失利益から控除して行くとすると，付表のケース2に示したように，最終的に9.3万円が不足することになる（松元〔3〕のケースcに相当）。

────────

払われるとする（松元氏の方法）か，期末に支払われるとする（通常の方法）かの違いによるもので，本質的な問題ではない。所得が期首に支払われるとすれば，1年目の所得は割引かれないから，ライプニッツ係数は就業期間よりも1年短い係数に1を加えればよい。ここでは松元氏の方法に従った。

次に氏は「金利2％，インフレ率0％」という「現在（平成14年当時—引用者—）のような経済状況」を想定する。状況がこのようなデフレ状態に変化したにも拘わらず，割引率を5％のままにしておくとどうなるか。付表のケース3に示したように，3年目の不足額は8.6万円になる。これはケース2と大差のない結果である。

　これに対し運用利率の低下に応じて割引率を2％に引き下げるとどうなるか。この場合の逸失利益は（松元〔3〕のbに示されているように）294.1万円となるから，これを2％の金利で運用しながらそこから毎期100万円の年収を差し引くと，3年目に残額はちょうどゼロになる（付表のケース4）。論理的には，これがデフレ状態の場合の正しい算定方法なのだが，松元氏はこれを採らない。このゼロという残金をケース2の不足額9.3万円に比べると逸失利益は過大であり，これまでのケースとのバランスを欠くことになると考えるからである。そこで松元氏は「経済の実態が様々な要素の変動によって出来上がっている中でその一つの要素の金利だけを取り上げる」のは誤っていると主張し，利子率の低下にも拘わらず5％の割引率を用いるという「現在の損害賠償額の計算方法」は「金利の変動だけではなく将来のインフレ率を考慮していないことによって結果的にバランスを取っている」（傍点は引用者）として，低金利であっても割引率を5％のままにするというこれまでの方法（ケース3）を支持するのである。

　しかし松元氏のこの論理は正しくない。まず第一に氏が行っているのはデフレという（平成14年）現在の状況をインフレというかつての場合に対比することであって，現に用いられている方法による算定値を公正な逸失利益の値と比較しているわけではない。現在を過去と対比するという論理からは（いわゆる法的安定を吟味することはできるとしても）公正な逸失利益の値を見出すことはできない。

　第二に，このような数値例では，その結果は想定された数値の大きさに依存する「その場限り（ad hoc）」のものであって，一般的妥当性を持たない。このことは定期預金の金利（1年物）が0.04％であったデフレ最盛期を想定し，この運用利率の下で割引率を5％のままにする——これは松元氏や多くの判決が正当なものだとしている方法だが——というケースを考えてみればよい。付表のケース5に示したように，この場

合の残額はマイナス 14 万円となり，ケース 2 の不足額をも大きく越えてしまう。これは平成 15 年頃のような超低金利の事態で 5 ％という割引率をそのまま用いれば，たといインフレ率を 0 ％としても，結果的には被害者をますます不利な立場に追い込んでしまうということである。

ではこの例の場合，どのような方法を採ればよいのだろうか。5 ％の金利が 3 ％のインフレ率を伴うのであれば，（本論で述べたように）割引率を実質利率の 2 ％とすればよい。この時，逸失利益は 294.1 万円だから，これを 5 ％で運用しながら，そこから 100 万円の実質所得を差し引けば，3 年目の残額は近似的にゼロになる（付表のケース 6）。これは公正な結果である。

他方，「金利 2 ％，インフレ率 0 ％」という「現在（平成 14 年当時―引用者―）のような経済状況」の場合には，実質金利＝割引率はここでも 2 ％だから（付表のケース 4 に示したように）残額はゼロになる。これもまた公正な結果である。

要するに，問題の核心は公正な逸失利益を得るためには利子率やインフレ率の変化を現行の方法に採り入れるか否かということではなく，それらの値そのものを逸失利益にどのように反映させるか，ということである。考えなければならないのは過去との「均衡」や「バランス」ではなく，どのような算定方法が論理に適うか，どうすれば逸失利益がより公正に算定されるかということである。もしバランスとか均衡とかを考えるのであれば（松元氏や多くの判決がそうしているような）過去の被害者と現在の被害者との間のそれではなく，現在の被害者と現在の加害者との間のバランスこそが重視されるべきである。損害賠償というのは被害者と加害者との間の関係の問題であって被害者相互間のそれではない[12]。

引用文献

〔1〕 二木雄策『交通死―命はあがなえるか』，岩波新書，1997.
〔2〕 同　「逸失利益算定の割引率―低金利をどう捉えるか」，『判例タイムズ』

---

12) この点については第 9 章で改めて触れることになる。

1063.（2001.9.1.）
〔3〕　同　「逸失利益の算定方式」,『交通法研究　第 32 号』,（日本交通法学会編, 有斐閣, 2004.）
〔4〕松元安子「逸失利益の算定と金利低下について」,『ジュリスト』1222.（2002.5.1-15.）

第6章

逸失利益と遅延損害金[*]
―― 裁判所の論理と数理 ――

1. 遅延損害金は「単利」か

(1) 私 見

　この章では話を少し脇道にそらし，「遅延損害金」をめぐるいくつかの問題を採り上げる。

　交通事故の損害賠償請求事件の判決を見るとすぐに気付くのだが，裁判所はその判決の冒頭で損害賠償額を明示した後，「これに対する事故日から支払い済みまで年五分の割合による金員を支払え」と加害者に命じている。遅延損害金である。

　一般に，交通事故に係わる損害賠償責任は不法行為が行われた時点で生ずるとされている。従って損害賠償額はこの時点を基準にして算定され，この時点で支払われるべきものとされる。しかし現実には，損害額がいかほどかの合意が事故時点で成立することはまずありえないから，賠償金の授受が実際に行われるのは事故当日から相当の月日が経過してからのことになる。交通事故では賠償金支払いの「遅延」が不可避的に生じるのである。

　この遅延は当然のことながら，金銭を支払う加害者にとっては有利，逆に被害者にとっては不利な影響をもたらすことになる。従って支払いが遅延すれば，それによって生じた被害者の損害分（一般的に言えば遅

---

[*] この章の前半は拙稿〔7〕を基にして全面的に書き改めたものである。

延期間に生じたであろう賠償金の運用益）を加害者は償わなければならない。これが遅延損害金であり，その額は年5分の法定利率によって計算される（民法412条，419条）。

　そこで問題は遅延損害金を年5分で計算するとして，それを単利で計算するのか複利で計算するのか，である[1]。遅延損害金の支払いを命ずる判決は，どれを見ても「年五分の割合による金員を支払え」と言うだけで，それが単利で計算されるのか複利で計算されるのかについては何も述べていない。しかし遅延損害金が複利で計算されたという例を私は寡聞にして知らない。法律の世界では遅延損害金は単利で計算されるのが当然とされており，それを複利で計算するという発想は全くないと言ってよい。例えば高野真人[5]には，ライプニッツ方式が採用されている現状では「遅延損害金は単利でしか加算されないのに，中間利息は複利で控除されるので……被害者が必ず損をする」（傍点は引用者）と書かれているし，大島眞一[2]でも「ライプニッツ方式は複利で計算するため単利の遅延損害金に比べると，その分だけ（被害者が—引用者—）不利になる」と述べられている。これらでは「遅延損害金は単利で」ということに何の疑問も差し挟さまれていない。被害者が「必ず損をする」という公平の原則に反する手法が法の世界で当然のこととされているのは何故なのだろうか。そこには理に適った根拠があってしかるべきなのだが，それはどのようなものなのだろうか。これが本章の基にある私の素朴な疑問である[2]。

　この問題については，遅延損害金は複利で計算されるべきである，というのが私の考えである。

　なぜなら，第一に，私たちが100万円を年利3％，期間3年の定期預金で運用すれば満期日に受け取ることのできる元利合計は109万円ではなく109万2,727円だからである。同じことだが，100万円の資金を年5％で3年間借りた場合，期日に返却すべき金額は115万7,625円であ

　　1）　遅延期間が1年以内であれば，一般に，単利であれ（1年ごとの）複利であれ違いはない。しかし裁判が数年に及ぶような場合（そしてこれが普通のことなのだが）には，単利によるか複利によるかの金額の相違は決して無視できるものではない。
　　2）　「単利か複利か」については既に第2章3.（2）で言及したが第9章3.で三度び触れることになる。

って115万円ではない。これが現在の経済社会の常態である。貨幣は利子を生むのだが利子もまた貨幣だから，詰まるところ利子は利子を生むことになるからである[3]。

　第二に，損害賠償金の中で比較的大きな比率を占める逸失利益は通常，複利のライプニッツ係数を用いて計算されているからである。逸失利益というのは将来の所得を割り引くことで事故時点での現在価値に換算したものだから，その支払いが遅れれば，その分，割引は不要になる。遅延損害金は少なくともこの不要になった割引分を補正するものでなければならない。ところが，将来の所得を複利で割り引くというライプニッツ係数を用いて逸失利益を算定しながら，その支払い遅延に対する損害金が単利で計算されると，加害者はその支払いを先に延ばせば延ばすほど得をし，逆に被害者はその分，損をすることになる。例えば被害者の事故後3年目の収入が100万円であったとすると，その逸失利益（収入の現価）は（割引率を5％，ライプニッツ法で計算すれば）86.38万円になる。そこでこの金額の支払いが3年間遅延したとすると，その間の割引は実質上，不要になるわけだから，事故後3年目に支払われる逸失利益は，遅延損害金を含めれば，少なくとも元の100万円に戻らなければ理屈に合わない。しかしこの間の遅延損害金を単利で計算すると12.96万円（＝86.38×0.05×3）だから，被害者は99.34万円しか受け取ることができない。被害者は6,600円の損失を蒙り，加害者はその分だけ得をすることになる。これは明らかに公平の原則に反する[4]。

　これら二つの理由は常識や論理に基づくいわば法律以前の問題だから

　3）　もっとも銀行の定期預金には単利型と複利型とがある。しかしその『商品説明書』を読むと，単利型というのは満期日に単利方式で計算された元利合計（本文の数値例では109万円）をまとめて支払うというものではないことが分かる（満期日における単利型の支払額が109万円であれば，複利型の方が絶対に有利だから，誰もこれを利用しないだろう）。単利型では各期末（1年後，2年後，3年後……）にその間の利子（3万円，中間利払いと言われる）が支払われるのである。中間利払金を満期日まで銀行に預金すればそれが更に利子を生むことから分かるように，これは単利型と言われてはいるが本質的には複利である。

　4）　この矛盾に気付いてのことだろうが，遅延損害金の起算日から判決までの期間の割引をホフマン方式で行い，それ以降についてはライプニッツ方式を用いて逸失利益を算定するとした判例がある。釧路地裁帯広支判昭53.4.26. 交民11-2. 東京地判昭49.2.14. 交民7-1. ただし，実際の計算をどうするかは（第2章3.(2)で述べたような理由から）見掛けほど簡単ではないし，これらの判例でも計算方法ついての叙述は必ずしも明快ではない。

遅延損害金は（少なくともそれがライプニッツ法で算定されている限りは）複利で求められて当然だと思われるのだが，既に引用した論攷〔2〕，〔5〕の文章が端的に示すように，法律家はそうとは考えない。どうしてなのだろうか。

ところで，損害賠償請求事件の判決における「年5分の割合による金員」というのは複利法によって計算される金額を指すと解すべきだと主張して起こされた訴訟がある[5]。裁判所はその訴えを全面的に退けたのだが，問題はその根拠である。以下ではこの訴訟の経緯を追いながら裁判所の論理について考える。

先ずこの問題に対する私見を要約しておこう。

この裁判の一審判決を見ると，裁判所（神戸簡裁）は「年5分の利率による利息というときには複利計算と解するというのが世間一般の常識であるとは直ちに解し得ない」とし，また逸失利益算定のライプニッツ方式というのは「将来の得べかりし利益を一種の擬制のもとに推定するためであり，遅延損害金について複利計算をすべきかどうかとは局面を異にする」と言うのである。

しかし大阪地裁は40年も前に「現代においては銀行預金や郵便貯金にみられるように，貨幣資本は複利法により利殖されるのが最も普通である」（大阪地判昭 41.1.13. 交民 1-1.）と言い，その後も同じような論旨の判決が幾つか散見される[6]。これは複利が社会の常態である，ということの証左ではないだろうか。

また将来所得の割引と遅延損害金算定との間には，既に触れたように，逸失利益の計算と実際の支払いとの間の時間のズレから生じる誤差を遅延損害金で補正するという，単純ではあるが極めて密接かつ重要な関係がある。従って遅延損害金と逸失利益とは，裁判所の用語に従うならば「同一の局面」にあると言うべきだろう[7]。

---

5) 神戸簡判平 10.12.17. 神戸地判平 11.7.13. 大阪高判平 11.11.26.

6) 例えば，大阪地判昭 42.4.19. 判タ 205. 東京地判昭 46.5.29. 判タ 266。なお比較的最近の判例でも「通常の利子計算が複利で行われている」とされている（大阪地判平 13.6.27. 交民 34-3.）。

7) 「局面」というのはもともと碁や将棋の用語なのだが，遅延損害金の場合には具体的に何を意味するのだろうか。

なお，第4章で指摘したように，逸失利益を算定するための割引率の値に関し，それは遅延損害金が5％で計算されることと「表裏をなす関係」（東京地判平6.12.8. 交民27-6.）にあるのだから5％でなければならないとする判決がある。これは将に両者が「同一の局面」にあるということに他ならない。この点だけを取り出せば裁判所の論理はご都合主義だという謗りは免れ難いと思われる。

このように見てくると，遅延損害金を単利で計算すれば被害者が不当な損失を蒙るという事実を認めながらそれでもなお遅延損害金を単利で計算するという法の世界の判断には，上述の常識や論理を超えた根拠——それはおそらく法の解釈や適用という「法の論理」なのだろう——があってしかるべきだということになる。

逸失利益の算定問題の法的視点について言えば，逸失利益の遅延損害金というのは資金の貸借をめぐる利息遅延の問題ではなく損害賠償金の支払遅延についての問題である，というのが私の基本的な立場である。即ち，これは「複利」とは言うが利子が利子を生むか否かという問題ではなく，損害賠償金の支払遅延が更に遅延損害金をもたらすかどうかという問題である。従って，ここでは（利子についての規定である405条ではなく）債務一般に関して定められた民法412条，419条が適用されるべきである。交通事故という不法行為による損害賠償請求権は不法行為時に発生し，直ちに履行期が到来し，さらに催告を待つまでもなく遅滞責任，従って遅延損害金が発生するというのは確立した判例である（最判昭和37.9.4. 民集16-9.）。遅延損害金もまた（資金の貸借ではなく）交通事故という不法行為から発生した債務だから，民法412条に基づき債務者の履行遅滞に対しては遅滞責任が発生し，従って遅延損害金債務の遅滞による5％の損害金（419条）が支払われなければならない。

以上が遅延損害金の算定方法についての私の考えである。

(2) 裁判所の判断

遅延損害金はいわゆる複利で計算されるべきだとした訴訟において，裁判所はどのような判断をしたのだろうか。

第一審裁判所は「利息カ1年分以上延滞シタル場合ニ於テ債権者ヨリ催告ヲ為スモ債務者カ其利息ヲ払ワサルトキハ債権者ハ之ヲ元本ニ組入

ルルコトヲ得」という民法の「法定重利」の規定（405条）を基に，本件では「遅延損害金債務の支払を怠るときはそれについて更に遅延損害金を支払う旨の特約」（以上，傍点は引用者）は存在しないし，またそのような「催告や元本組み入れの意思表示は……なされていない」から民法405条が規定した法定重利の条件は充たされず，したがって「遅延損害金は複利で計算すべきであるとの（原告の―引用者―）主張には，何らその根拠が存在しない」として，訴えを退けたのである。

　この判決について言えば，民法405条というのは利息に関する規定だから，それを損害賠償の遅延損害金を問題とする本件にそのまま適用できるかどうかが先ず問われなければならない。この点について第一審裁判所は「遅延損害金が損害賠償ではあっても元本使用の対価たる実質を有し，利息と類似する性質を有することからすれば，遅延損害金についても民法405条が類推適用されるべき」であるとしている。

　利息は元金に利率を乗じて算出され，遅延損害金は損害賠償額に一定の比率と遅延期間とを乗じて求められるのだから，両者の計算式は形の上では確かに同じである。しかし遅延損害金というのは利子ではない。利子は貸手と借手との間で結ばれた貸借契約に基づいて授受される金銭だが，遅延損害金は一方の不法行為による損害賠償をめぐって生じる金銭のやりとりである。実際，資金の貸借における利子は債務者が（例えば）事業に投入することを目的として借り入れた元金を使用することの対価として支払われるものだが，損害賠償金というのは被害者が使用を目的とする資金ではない。それは不法行為に因って生じた損害を賠償するためのものであって，何らかの使用に供するために貸し借りされたものではない。そこにはもともと元本使用の対価なるものは存在しないのである。更に言えば，遅延損害金というのは，損害賠償金が損害の発生時点で支払われていないからこそ生じるのであるから遅延期間においては元本（賠償金）の使用はもともとあり得ないのである。両者の間には明らかに質的な違いがある。裁判所の言う両者間の「類似する性質」というのは形式的なものにすぎない。

　また既に述べたように，逸失利益というのは，被害者が事故時点から（例えば）3年後に受け取ったはずの所得を5％の利率で割り引くことで事故時点での価値に換算したものだから，その支払いが3年遅れれば，

被害者がその時点で手にする賠償金は（少なくとも）割り引き以前の元の額でなければならない。所得を割り引いて算出された逸失利益に対する遅延損害金というのは支払いが遅れたことによって割り引く必要がなくなった部分を元に戻すためのものであって，決して元本使用の対価ではない。遅延損害金が元本使用の対価だという判決の論理は強引に過ぎるだけではなく，その本質を見誤っていると言わざるを得ない。

　この一審判決を不服とした原告は控訴したのだが，民法 405 条を根拠とする一審判決の論理だけでは不十分だと感じたからだろうか，控訴審裁判所（神戸地裁）はその判決の中で二つの大審院判決（大正 6.3.5. 民録 23.（以下，判決〔A〕），昭和 17.2.4. 民集 21.（以下，判決〔B〕））に言及している。

　まず大正 6 年 3 月 5 日の判決〔A〕について見ておこう。この案件は債務者が利息支払いを遅滞したとき，その利息に対する利息に相当する額を損害金として当然に支払うべきか否かを問うたものである。下級審は民法 419 条を適用し，その義務ありと判示したのだが大審院は原判決を破棄しこの案件を地裁に差し戻した。利息に対する利息相当額を損害金として当然に支払うべきだとすれば，法定重利についての民法 405 条の規定は「無用ニ帰セシムニ至ル」ことになるからだというのがその理由である。即ち民法 405 条は約定利息の支払が遅滞した場合にその遅滞した約定利息に更に（遅延）利息を付けるための条件を規定したものである，というのが大審院の判断である。その意味で民法 405 条は利息遅滞についての特別の規定であって，債務不履行一般について定められたものではない。だからこそ「民法第 419 条ノ規定ハ利息債務不履行ノ場合ニ適用スヘキモノニ非サルコト疑ヲ容レサルヘシ」（傍点引用者）ということになるのである[8]。

　この大審院判決に照らせば，交通事故の損害賠償の遅滞というのは利息債務以外の金銭債務の遅滞であるから，民法 405 条ではなく 419 条が適用されることになる。遅延損害金の計算は単利によるか複利によるか

　8）この判決について岩田新博士は大審院は第 419 条に関し「同条と第 405 条との間に普通規定特別規定の関係を認め，特別規定の適用あるが故に普通規定は適用なしとしたものである」と言う。文献〔1〕。

という当該案件の問題は，実質上は大審院判決〔A〕によって決着がついていると言ってよいのである。

しかし遅延損害金についての当該訴訟の控訴審判決はこの大審院判決〔A〕を採り上げる前に，これより25年も後のもう一つの大審院判決〔B〕にまず言及する。この大審院判決〔B〕は約定利息の支払いだけではなく，それが遅延したときに課せられる損害賠償金＝遅延利息の支払いもまた滞ったとき，それも元金に組み込まれ更なる遅延利息を生むか否かという問題を扱ったものである。即ちこれは前記の大審院判決〔A〕を前提とした上で，利息債務についての405条が約定利息だけではなく，「その性質は損害賠償であって利息ではない」（我妻〔10〕p.34.）遅延利息にもまた適用されるか否かを問題としたものである。だからこそこの問題に対する判断として，約定利息だけではなく遅延利息もまた「元本使用ノ対価タルノ性質」を有し両者間で「何等ソノ取扱ヲ異ニスルノ要ヲ見ス」という論理が成立し，そこから「民法405条ノ利息中ニハ遅延利息ヲモ包含スルモノト解スルヲ相当トス」という結論が導き出されるのである[9]。

しかし大審院判決〔B〕に対する当該（控訴審）裁判所の理解はこのようなものではない。控訴審判決は，「約定利息」と「遅延利息」とを対比させているこの大審院判決〔B〕を引用するに際し，これらを「利息」と「遅延損害金」という別の言葉に置き換えてしまう。例えば「遅延利息ハ元来損害賠償タルノ性質ヲ有スルモ，元本使用ノ対価タルノ性質ヲモ有スルモノト言イ得ベク，此ノ意味ニオイテ約定利息ト何等其ノ取扱ヲ異ニスル要ヲ見ス」という大審院判決〔B〕の文章は「遅延損害金は……元本使用の対価としての性質をも有すると解されるところ，この意味で利息とその扱いを異にするを要しない」とされ[10]，従って「同条（民法405条—引用者—）ニ所謂利子中ニハ遅延利息ヲモ包含スルモノト解スルヲ相当トス」という大審院の結論が「遅延損害金についても

---

9) ただし柚木馨教授は「遅延利息の性質は純然たる損害賠償」であって「遅延利息」ではないから「民法405条の重利の規定はこの場合には適用を生じない」としてこの判例を批判する。文献〔9〕。なおこの点については我妻〔10〕p.36. をも参照。

10) 遅延損害金が元本使用の対価たる性質を持つということについての疑問は既に述べた。

民法 405 条の（類推）適用があるというべき」（括弧は原文）だという結論にすり替えられてしまう（以上，傍点は何れも引用者）。

このように言葉を置き換えることで，民法 405 条の利息という語が「約定利息」だけではなく「遅延利息」をも含むかどうかという大審院判決〔B〕の本来の問題が，この裁判では 405 条が元本に対する「利息」だけではなく損害賠償金に対する「遅延損害金」についても適用されるかどうかという異質の問題に置き換えられてしまっている[11]。しかしここで問題にしている遅延損害金は不法行為による賠償金の遅滞に対して課せられた賠償であって利息に対するものではない。だからこそ前出の大審院判決〔A〕は 405 条を利息に関する特別規定とし，そうすることで 405 条を利息以外の債務へも適用するという当該事件で原審裁判所の行ったような判断を否定したのではなかったのか。二つの大審院判決はともに金銭による債務を資金の貸借という商行為から生じる「利息」とそれ以外のもの（例えば交通事故による損害賠償）とに区分した上で，前者＝利息への 405 条の適用について判断したものである。それにも拘わらず当該事件の裁判所はこの区別を無視し，利息に関する 405 条の規定を利息以外の債務である遅延損害金にまで拡張してしまっている[12]。

なぜこのようなことになったのだろうか。これは私の推測にすぎないのだが，その経緯は次のようなことだったのではなかろうか。

交通事故の損害賠償に対する遅延損害金は長い間，単利で計算されてきたし，それに疑問を差し挟む人もいなかった。そこへ遅延損害金は複利で計算すべきではないか，という疑問が突如として提起されたのである。それを受けた裁判所の頭にまず浮かんだのは遅延損害金は単利で計算されるという従来の慣習を守ることであって，遅延損害金の算出は単利か複利かという問題について根源から考えることではなかった。裁

---

11) なお，控訴審判決は本件への 405 条の適用を決めた後で先の大審院判決（判例〔A〕）を援用し，遅延損害金に民法 405 条を適用する以上，本件への「民法 419 条 1 項の適用は排除される」としている。しかし大審院判決〔A〕は「民法 419 条ノ規定ハ利息債務不履行ノ場合ニ適用スヘキモノニ非サルコト疑ヲ容レサルヘシ」（傍点引用者）としているのであって，損害賠償債務不履行への適用排除を論じているのではない。

12) 控訴審のこの判断に対し控訴人は上告したのだが上告審（大阪高等裁判所）は「原審の判断に違法は認められず，上告人の主張は独自の見解にすぎない」とし，それを退けた。

所はいわば法の安定を判断の基準としたのである。そこで裁判所が注目したのは遅延利息に関する二つの大審院判決である。しかし同じ「遅延」という文字が使われているとはいえ，遅延利息は遅延損害金ではない。裁判所は「遅延」の二字に拘泥するあまり，遅延損害金を遅延利息と同じものだとしてしまった。しかし遅延損害金と遅延利息という二つの言葉を並べたときに重要な意味を持つのは，今の場合，両者に共通した「遅延」の方ではなく，一方が「損害金」であり他方が「利息」であるという相違の方である。

　二つの大審院判決のケースと本件とでは，基にあるのが資金の貸借という経済行為なのかそれとも交通事故という不法行為なのか，という点で根本的に相違している。資金の貸借では元金から利子が生まれるが，不法行為に対する損害賠償金からは利子は生まれない。しかし，裁判所はこの相違を看過してしまう。その結果，裁判所は利息に関する法規を損害賠償一般にそのまま適用するという誤りを犯すことで，被害者に不当な損失を課すという正義・公平に反する結論を導き出してしまったのである。このような結論はことの本質を忘れその形式だけに捕われることで交通事故の損害賠償と資金の貸借という日常の経済行為とを同じレベルの事象として捉えてしまったことから導き出されているのだが，裁判所はそれに気付いていない。

2.　遅延損害金と割引率

　逸失利益の算定がライプニッツ法で行われる以上，それに対する遅延損害金の計算は複利でなければならないというここまでの論理に従えば，遅延損害金が5％の率で計算されるからには，逸失利益も5％の割引率で求められなければならない，という議論が成立するように思われるかもしれない。これまでに述べたように両者の間には不可分の関係があるのだから，（単利か複利かという）それらの算定方法だけではなく，算定に用いられる5％という利率（ないしは割引率）の値もまた共通のものでなければならないという主張には，十分な根拠があるようにも思われるからである。

2. 遅延損害金と割引率

　実際，割引率の値を5％未満とすべきか否かが争点になった裁判で「被害者は事故が発生した日から現実的に損害の賠償を受けるまで，損害について民法所定の利率である年5％の利回りによる運用をしたものと同様の経済的利益を実質的に取得することとの公平を考える必要がある」(京都地判平12.3.23. 交民33-2.) からという理由で，あるいは被害者は「不法行為時からの年5％による遅延損害金を受け取ることができる」(大阪地判平12.8.25.) からという理由で，5％よりも低い割引率を認めなかった判決は決して珍しくはない。この考えは果たして正しいのだろうか。

　逸失利益の算定においては，それをいかに公平かつ正確に算定するか，ということがポイントである。従って将来所得の割引率（と割引方法）がまず決められなければならない。そしてこの率（と方法）によって計算された逸失利益の支払いが遅延したとき，そのために生じた経済的得失を補正できるような遅延損害金算定の率（と方法と）が初めて問題になるのである。これが論理の筋である。将来所得の割引率＝資金の運用率を決める前に遅延損害金の算定率を決めるというのは，逸失利益の値を決めずにその支払遅延による損害金を決める，ということに他ならない。これは主客が転倒した論理である。

　もっとも形式だけからすれば，遅延損害金の算定率と将来所得の割引率のうち，法律によって規定されているのは遅延損害金の算定率の方だから，両者間に関係がある以上，将来所得の割引率もまた法の規定に追随せざるをえない，ということなのかもしれない。しかしこのような形式的な論理が成立するとしても，それは逸失利益の支払いが遅延した期間についてだけであって，支払いが行われてからの期間についてはもともと遅延損害金は発生しないのだから，その間の割引率が遅延損害金の率に等しくなければならないという論理は成立しない。将来所得の割引率と遅延損害金の算定率との間に関係が存在するのは，ことの性質上，事故から賠償金の支払いが行われるまでの期間だけについてのことだから，両者間の「均衡」や「バランス」を理由に，逸失利益算定の割引率をその全期間にわたって5％にすることはできない。まして賠償金支払いの遅延期間は逸失利益の算定期間全体からすれば極めて短いのが普通である。両者の関係を基に将来所得の割引率を就業期間全般にわたって

5％にするという方法はその関係を誤って拡張したものであると言わなければならない[13]。

このように考えれば，遅延損害金との関係を基にして将来所得の割引率を5％にするという論理の根拠は極めて脆弱であり，そのような主張はまず成立しないということが分かる[14]。

3. 遅延損害金と自賠責保険金

(1) これまでの計算方法

この節以降では話を更に脇道にそらし，遅延損害金と自賠責保険金との関係について考える。

既に述べたように，裁判所の認めた損害賠償金については，事故日から支払い済みまでの間の遅延損害金の支払いが加害者に対して課せられる。しかし裁判所が加害者に対して支払いを命ずる賠償金は，当然のことながら，損害賠償総額から，判決の時点で既に被害者に対して支払われてしまっていた金額（以下，既払金）を差し引いた残りの額である。被害者請求による自賠責保険金がこの既払金の代表なのだが，自賠責保険金も事故から遅れて支払われるのが普通だから，厳密に言えば既払金もまた遅延していたことになる。遅延していた以上，この既払金に対してもその支払日までの遅延損害金が被害者に対して支払われなければならない。

この点については，賠償総額から既払金を差し引いた残額に対してだけ，事故日からその残額が支払われる日までの間の遅延損害金を付し，既払金そのものの遅延に対しては損害金を付けない，というのが長い間の慣例であった。しかし平成7年頃から，自賠責保険金に対しても事故日からの遅延損害金を請求するという訴訟が散見されるようになり，裁

---

13) 割引率の値は就業期間全般にわたって同一でなければならないという必然性はない。この点については第4章で既に触れている。

14) ただしここまでの議論は損害賠償のうちの逸失利益を頭の中においている。賠償金のもう一つの部分である慰謝料には割引という手続きがないから，それに対する遅延損害金は逸失利益の場合とは若干，性格を異にする。

判所はこのような請求に対し「理由がないとすることはできない」（東京高判平 8.6.25. 交民 29-3.）として，それを認めるようになった。

　もっともこれ以降，自賠責保険金に対する遅延損害金の請求を裁判所がすべて認めたというわけではない。例えば大阪地裁はそのような請求に対し，「交通事故に基づく損害賠償の算定」は「損害の現実的発生時期」やそれに対する「填補の時期」に「ことさら厳密に着目することなく」行われる「多分に蓋然的」なものである（大阪地判平 9.7.29. 交民 30-4.）ことを理由として，またこれとは別の事件で大阪高裁は「自賠責保険による損害賠償が……実務一般の慣行として是認されている」ことからすれば「自賠責保険によって填補された損害に対する交通事故日から自賠責保険金支払いの日までの遅延損害金を請求することはできないものと解するのが相当である」（大阪高判平 10.7.14. 交民 32-5.）として，いずれも自賠責保険金に対する遅延損害金の請求を退けている。

　しかしこれらの理由は何れも論理に欠けると思われる。実際，上記後者の判決に対する上告審において，最高裁は自賠責保険金に対する「遅延損害金の請求が制限される理由はない」として，大阪高裁の判断を「是認することができない」（最判平 11.10.26. 交民 32-5.）とした。この最高裁判決によって，被害者が自賠責保険金に対する遅延損害金を請求すればこれを認める，とする裁判所の判断が確立したと言ってよい。

　この判断は当然のことだろう。もし自賠責保険金に対する遅延損害金が認められないとすれば，自賠責保険の被害者請求を行うと，この請求分の支払遅延による損失が補填されない分，判決を待って賠償金を一括して受け取るよりも被害者は不利になってしまう。損害賠償金が自賠責保険によって支払われるか任意の損害保険によって支払われるかが区別されなければならない謂れはないし，賠償金の一部を自賠責保険から前もって受領することが被害者に不利になるというのは，被害者の保護を目的とする自賠責保険の趣旨からして，あってはならないことでもある。

　このように，既払金にも遅延損害金が付くことにはなったのだが，裁判所がその額をどのように算定しているかを調べてみると，その計算方法は必ずしも同じものではないことが分かる。計算方法が異なる以上，遅延損害金の金額もまた同じではないのだが，これは明らかに不公平である。どうしてこのようなことになっているのだろうか。以下では既払

金に遅延損害金が付されるとした上で，その計算方法を判例を基にして検討する[15]。

議論を簡潔にするために，損害賠償金の総額は8,000万円で，これの支払いは事故から3年後に行われるが，その2年前（事故から1年後）に，自賠責保険から3,000万円が既に支払われているという架空のケースを考える[16]。このようなケースにおける遅延損害金について，裁判所はこれまでどのような計算方法を採ってきたのだろうか。まず，それらを整理してみよう。

① 第一に，賠償金総額から既払金を差し引いた5,000万円に対してだけ遅延損害金を付け，既払金に対しては遅延損害金を付けないという方法がある。この方法は長い間に亘って採られてきたものだが，このケースでは，遅延損害金は単利で計算されるのが普通だから，被害者が直接に受け取る金額の合計は，

$$5000(1+0.05\times 3)=5750$$

に既払金3,000万円を加えた8,750万円になる。

② これに対し，既払金に対する遅延損害金の支払を命じた最初の判決は，前橋地裁太田支判（平7.5.26. 交民28-3.）だろう。この判決は既払金に対する遅延損害金

$$3000\times 0.05\times 1=150$$

を別途，支払うよう加害者に命じている。したがって被害者が直接に受け取る金額の合計は①の8,750万円に150万円を加えた8,900万円になる。前橋地裁太田支部のこの判決以降，前記の最高裁判決をはじ

---

15) 既にこのような分析を行っているものとして，河邉〔3〕，古笛〔4〕，松本〔8〕，『赤本』〔6〕がある。これらの先行業績と本稿との違いは，詰まるところ本文の算定方法④の扱い方に集約される。裁判所が採ったこの④の方法は，古笛氏が指摘し松本氏も言及したように，正しくない。しかし，どこがどう間違っているのか，正しい方法はどのようなものであり，その正しい方法を用いた判例があるのかどうかについては，これらの研究では明らかにされていない。その結果，分析が問題の本質にまで到っていないと思われる。（なお，『赤本』は④の方法には言及していない。）

16) このケースは，既払金が事故から1年後に支払われる（従って，ここでは単利と1年複利の違いは生じない）としたことが端的に示すように，議論を簡潔にするように工夫されたものである。実際の計算では，事故から既払金の支払までの期間の長さと最終的な支払までの期間の長さとに応じて（本質的ではないが）より煩雑な問題が生じる。

めとして，多くの裁判所がこの算定方法を採用してきた。

③　ところが原告が②の方法で既払金に対する遅延損害金を請求したところ，原告の主張は既払金3,000万円をまず損害総額に対する遅延損害金に充当するという処理を「否定する趣旨ではないと考えられる」とした判決が現れた（東京地判平12.4.20. 交民33-2.）。この方法では，既払金3,000万円のうち400万円（＝8000×0.05×1）が損害総額に対する既払金支払いまでの間の遅延損害金になるから，残りの2,600万円が損害賠償金に充当される分だということになる。したがってこの方法では損害賠償の残額と，それに対する既払金支払日からの遅延損害金との合計

$$(8000-2600)\times(1+0.05\times 2)=5940$$

が事故から3年後に支払われ，被害者の直接的な受取額は8,940万円になる。

この方法の法的根拠は弁済充当の順序を定めた民法491条1項だが，実はこの方法を最初に主張したのは②の前橋地裁太田支部の裁判の原告だった。これに対し当該裁判所は，既払金は「全額元金に充当されたものと言うべきである」としてこの訴えを認めず，前記②の方法を採用した。しかし，東京地裁が上のように判断して以降，多くの裁判で原告がこの方法を主張し，裁判所がそれを採用するようになった。とりわけ最高裁が「自賠責保険金等によっててん補される損害についても，本件事故当時から……遅延損害金が既に発生していたのであるから（自賠責保険金等が—引用者—）遅延損害金の支払債務にまず充当されるべきものであることは明らかである」と判示した（最判平16.12.20. 交民37-6.）ことで，既払金に対する逸失利益の計算は，実務上，この③か②の何れかによってなされてきたと言っても過言ではない（後出の表6.2を参照）。

④　これら二つの方法に加え，既払金3,000万円は既払金自体に対する遅延損害金をも含むとして，

$$3000\times 0.05\times 1=150（万円）$$

が既払金に含まれた遅延損害金の分だとする判決が散見される（東京高判平12.11.8. 判タ1106., 東京地判平13.2.22. 交民34-1., 千葉地判平14.4.26. 交民36-1., 東京高判平14.9.25. 交民35-6., 神戸地判平

15.1.24.)。この方法では，既払金のうち 2,850 万円が損害賠償充当分になるから，事故から 3 年後に

$$(8000-2850)\times(1+0.05\times3)=5922.5$$

が支払われることになる。

　これは②と③のいわば中間的な考え方なのだが，しかしこの計算方法は正しくない。ここでは既払金 3,000 万円は損害賠償金と遅延損害金とからなると考えられているにもかかわらず，その 3,000 万円に対する遅延損害金（150 万円）を求めている結果，この 150 万円の中には損害賠償金に対する遅延損害金だけではなく，遅延損害金に対する遅延損害金も含まれてしまっているからである。それにも拘わらず 8,000 万円から 2,850 万円を差し引いた額に対して 3 年間の遅延損害金を付け加えると，遅延損害金の一部がいわば二重に計算されることになる[17]。

　ではどのように計算すればよいのだろうか。容易に分かることだが，この方法では既払金 3,000 万円が，損害賠償金それ自体とこれに対する遅延損害金とを含む金額（いわば元利合計）であると考えるのだから，既払金のうち損害賠償額に充当される部分 A（元金に相当）は，次の方程式

$$A\times(1+0.05)=3000$$

を解くことによって求められる。ここから A は 2,857.1 万円になるから，事故から 3 年後に支払われるのは

$$(8000-2857.1)\times(1+0.05\times3)=5914.3$$

であり，被害者は，直接には 8,914.3 万円を受け取ることになる。神

---

[17] あるいは次のように考えてもよい。2,850 万円が既払金のうち損害賠償に相当する分だとすれば，その遅延損害金は（150 万円ではなく）2850×0.05×1=142.5（万円）となるから，自賠責保険からの受取総額は 2,850+142.5=2,992.5（万円）でよいことになる。3,000 万円は被害者からすれば「もらいすぎ」である。なお，この方法は「既払金に対する遅延損害金を損害賠償の残額に加えた額に対して，事故の日から支払い済みまでの遅延損害金を支払え」（大阪地判平 13.10.11. 交民 34-5.）と言い換えることもできる。即ち

$$\{(8000-3000)+150\}\times(1+0.05\times3)=5922.5$$

が事故から 3 年目に支払われるべきだというのである。しかし既払金に対する遅延損害金は事故日ではなく，それが支払われた日（事故から 1 年後）に発生するのだからこの方法が間違っているのは明白である。論理的に正しくない方法がこのように姿を変えて現れることは珍しい。

3. 遅延損害金と自賠責保険金

表 6.1　遅延損害金の算出方法（1）

(単位：万円)

ケース	単利 直接額	単利 期末評価額	複利 直接額	複利 期末評価額
① 遅延損害金なし	8,750.0	9,050.0	8,788.0	9,095.6
② 別途請求	8,900.0	9,200.0	8,938.0	9,245.6
③ 民法491条	8,940.0	9,240.0	8,953.5	9,261.0
④ 神戸地判平 8.5.14.	8,914.3	9,214.3	8,953.5	9,261.0
⑤ 複利型	8,915.0	9,215.0	8,953.3	9,261.0
⑥ 既払金なし	9,200.0	9,200.0	9,261.0	9,261.0

戸地判平 8.5.14.（交民 29-3. 判タ 952.）がこの例である。

⑤　これら以外に，②のケースにおける既払金に対する遅延損害金についても，支払い済みまでの遅延損害金が支払われるべきであるという主張がある。これは

$$150 \times 0.05 \times 2 = 15$$

が追加されるということだから，直接的な支払総額は 8,915 万円になる。

原告がこのような方法を主張した例はいくつかあるのだが（例えば神戸地判平 10.11.5. 交民 31-6.，京都地判平 12.3.23. 交民 33-2.），それらに対し裁判所は「遅延損害金に対する遅延損害金の請求は理由がない」として，いずれも原告の要求を斥けている[18]。

⑥　以上に加え，自賠責の被害者請求が行われない（既払金がゼロ）というケースが考えられる。この場合には直接的な支払額は

$$8000 \times (1 + 0.05 \times 3) = 9200$$

となる。

これまでに用いられてきた計算方法をこのように整理すると，既払金に対する遅延損害金の算定方法の違いによって，被害者の直接的な受取額に差が生じていることが分かる（表 6.1 の「単利」の「直接額」）。

ただしこれらの方法を比較する場合，⑥の 9,200 万円とその他のケースの直接的な金額とを，そのまま比較するというのは正しい方法ではない。⑥の 9,200 万円が事故から 3 年後にまとめて支払われるのに対し，

---

18) ただしこれらの裁判所は②による遅延損害金を認めている。

第6章　逸失利益と遅延損害金

表6.2　遅延損害金の算出方法（2）

	期間1	期間2	計
方法②	8	10	18
方法③	0	12	12
方法④	1	(5)	6
計	9	27	36

　その他の方法では既払金3,000万円が事故から1年後に（文字通り）既に支払われているからである。したがって両者を直接に比較するためには，既払金3,000万円を受け取ってからの2年間の潜在的な（implicit）運用益を②〜⑤の直接的な受取額に加えてやらなければならない。そこで，運用利率を5％として既払金の運用益を求めると[19]，

　　3000×0.05×2＝300

となるから，各ケースの（支払い完了時点で評価された）損害賠償金は表6.1に（単利の）「期末評価額」として示したようになる。ここでは算定方法が異なれば結果（＝被害者の受取額を支払い完了時点で評価した金額）もまた同じではない。ケース①の金額が最も低いのは既払金に対する遅延損害金が含まれていないからなのだが，ここではケース②の9,200万円が被害者請求をしないケース⑥のそれに等しいこと，また③，④及び⑤のケースでは，それぞれの金額は異なってはいるが，すべてケース⑥のそれよりも大きいことに注意しなければならない。

　では裁判所はどの方法を，どの程度，採用しているのだろうか。このことを見るために，既払金に対しても遅延損害金を付している判例を『交民』等から採り出し，それらがどの方法で遅延損害金を算定しているかを調べてみた。表6.2がその結果である。

　この表は対象となったケースの半数が方法②によっていることを示しているが，当初（期間1）は④の1例を除いてはすべて②が採用されていたこと，平成12.4.20.に東京地裁が③を採用してから（期間2）は両者が拮抗していること，更に④も5例（ただし，それらは正しく計算されていない）と無視できない頻度で採用されていること，が分かる[20]。

---

　19)　ここでの目的は各方法間の（現実的な相違ではなく）論理的な相違を明確にすることだから，運用利率は5％であると考えなければならない。

　20)　ただし期間2における④の5例はすべて遅延損害金の一部を二重に計算するという

事態は混乱していると言わなければならない。

(2) 「単利」と「複利」

このように混乱した現状をどう解釈すればよいのだろうか。遅延損害金の額が計算方法によって異なるというのはもちろん公平ではないことなのだが，そうなるのは遅延損害金の計算方法のどれかに論理上の誤謬があるからではないだろうか。どのような考え方に基づいて遅延損害金を計算しようとも，それらの考え方が論理的に一貫していれば結果は同じになるはずではないのか。

この疑問に対する答はつまるところ，遅延損害金を「単利」で計算するか「複利」で計算するかの相違に帰着する，と言ってよい[21]。ここで複利というのは遅延損害金が更に遅延損害金（運用利益）を生むということだから（前出の数値例が示すように）これまでのケースはすべて単利だと思われる。ただし⑤は遅延損害金に対して更に遅延損害金を要求しているのだから，この点では複利だが，それは既払金に対してだけであって，損害賠償金そのものに対する遅延損害金は単利で計算されている。この意味で⑤は混合型である。

しかしよく考えてみると，③，④のように既払金の中に遅延損害金が含まれていると，被害者は残りの２年間この遅延損害金を運用することができるのだから，これらのケースは（潜在的には）遅延損害金が更に運用益を生むという意味で複利であり，従って混合型である。

これに対し，ケース②では既払金に対する遅延損害金は最後になって支払われるのだから遅延損害金を運用することはできず，その意味でこれは純粋な単利である。ケース②の金額だけが既払金のないケース⑥に一致し，③，④，⑤の金額がケース⑥のそれを超えるのは②が単利型，③，④，⑤が複利を含む混合型だからである。

誤った方法を用いている（数値に括弧を付したのは正しく計算されていないことを示す）。正しい前例があるにも拘わらず，関係者が誰もこの誤りに気付かなかったというのはいささか淋しい話である。なお，５例のうち１例は，その理由は定かではないが，控訴審で③に変更されている。（千葉地判平 14.4.26., 東京高判平 15.2.13., 交民 36-1）。

21) ここで「単利」とか「複利」とかと括弧を付けたのは，問題が計算の方法にあることを強調するためである。ここでは単利・複利を問題にしてはいるが，言うまでもなく，遅延損害金は利子ではない。なお，以下では簡略化のために，いちいち括弧を付けていない。

このような結果からすると，それぞれのケースが異なった結果をもたらすのはそれらの方法に「単利」と「複利」とが混在しているからではないか，ということが分かる。基本的には単利であっても，複利の方法がそれぞれのケースにそれぞれの仕方で入ってくると，導出される結果がそれに応じて異なるのは当然だろう。

　そこで遅延損害金そのものを複利で計算するとどうなるかを試してみる。既払金はそれを受け取ってから損害賠償金が確定して支払われるまで運用することができるのだから，この現実に則して，すべてを「複利」で統一してみようという訳である。

　遅延損害金が1年毎の複利で計算されるとすれば，上述の各ケースの数値はどのように改められるだろうか。これは単純な計算の問題だから，その結果だけを示せば十分だろう[22]。表6.1の「複利」の欄がそれである。ここでは③，④，⑤の期末評価額がすべて⑥のそれに等しくなり，既払金に対する遅延損害金が，どのような考えに基づき，どの時点で，どのような方法で，算定されるかは本質的な問題ではない，ということになる。このように考えると，既払金に対する遅延損害金の計算方法がいくつもあり，それらが異なった結果をもたらすという混乱の原因は（論理的に誤っている方法を別にすれば），遅延損害金を「単利」で算出するか「複利」で算出するかを明確に意識しなかった裁判所の判断にある，ということになる。遅延損害金そのものを「単利」で算定するというのであれば，論理の一貫性からする限り，⑤はもちろんのこと，③や④のような計算方法は認められるべきではない[23]。採りうるのは②と⑥とだけである。逆に「複利」を含む③や④の方法を認めるのであれば，遅延損害金そのものも「複利」で計算しなければ論理は一貫しない。論理が一貫しないから計算方法によって結果が異なるという不公平が生ずるのである。

　遅延損害金の算定方法についての裁判所の理解は混乱しており，その混乱は単利と複利の意味や現実妥当性を正確に理解していないことから生じている。現実に則して遅延損害金を「複利」で計算すれば，どのよ

---

22) 計算は上記諸式の利子計算部分を「積」から「累乗」に変えればよい。

23) もっともその場合には，逸失利益そのものも単利＝ホフマン方式で算定されなければならないだろう。

うな方法を採ろうとも，結果は公平なものになる。そこでは既払金は「全額元金に充当され」なければならないとか，逆に民法491条1項に従いまず遅延損害金の支払いに充当されなければならないとかという議論は不要になってしまう。

以上の分析は何を意味するか。

それぞれが論理的には間違っていないように見える逸失利益の算定方法が相互に異なった結果をもたらすのは，それぞれで逸失利益が「単利」で計算されたり「複利」を含むような方法で計算されたりしているからである。もし，それらを「複利」で統一すれば，すべての算定方法が同一の結果をもたらすことになる。遅延損害金は単利法ではなく複利法で求められなければならないという本章前半の主張の論理的正当性は，遅延損害金の計算方法によっても裏付けられることになる。

引用文献

〔1〕岩田新『遅延利息論』，有斐閣，1939．
〔2〕大島眞一「逸失利益の算定における中間利息の控除割合と年少女子の基礎収入」，『判例タイムズ』1088．（平14.7.1．）
〔3〕河邉義典「東京地裁民事交通部における事件処理の現状」，『法律のひろば』2001.12．
〔4〕古笛恵子「自賠責保険における遅延損害金の問題」，『法律のひろば』2002.8．
〔5〕高野真人「中間利息の控除について―ライプニッツ式への統一と5％の是非―」，『法律のひろば』，2001.12．
〔6〕日弁連『赤本』(「はじめに」の〔引用文献〕を参照．)
〔7〕二木雄策「逸失利益と遅延損害金」，『判例タイムズ』1104．（2002.12.15．）
〔8〕松本利幸「自賠法16条1項により支払われた損害賠償及び同法72条1項により支払われたてん補金の遅延損害金への充当について」(日本交通法学会人身賠償補償研究会，研究報告．2004.3.26．)
〔9〕柚木馨『判例債権法総論（補訂版）』，有斐閣，1971．
〔10〕我妻榮『債権総論（民法講義Ⅳ）』，岩波書店，1940．

第7章

判決の「文章」
―― 誰のための判決か ――

1. 難解な判決文

　この章では，前章に続き議論の本筋からは外れるが，判決の「文章」について書く。

　逸失利益の算定方法について調べるために，私は多くの判決文に目を通してきたのだが，その過程で強く印象づけられたのは，概して言えば，判決は極めて長文であるだけではなく，文章として分かり辛いということである。例えば次のような判決文がある。

　文例〔1〕
　　（一）　中間利息の控除割合について
　（1）　中間利息の控除は，将来の一定の時点で一定の給付を受けるべき金銭債権としての逸失利益を症状固定時（若しくは事故発生時）の現価として算定するために，将来の弁済期までの運用利益に相当する金員を控除するというものであるから，利息を生ずべき金銭債権につき別段の意思表示がない場合に元本に附帯する旨が法定されている利率（民法404条），又は，金銭債務の不履行に伴う損害賠償として損害賠償の元本に附帯する旨が法定されている遅延損害金の利率（同法419条，404条）と必ずしも同一に論ずることはできないが，民法の制定当時，右の各利率が年5分と定められたのは，当時の我が国及び諸外国の一般的な貸付金利や法定利率などを参考にし

た結果であって，利息又は遅延損害金の割合を定めるに際し運用利益を考慮している点では，中間利息の控除の問題と共通する背景があったということができるところ，民法の右各規定は，その制定当時から現在に至るまで改正されてはいないことなどに照らし，特に不合理であるとは考えられない（東京地判平12.4.20．判時1708．交民33-2．）。

　この文章を一読した人はどのような印象を持つだろうか。とにかく文（sentence）が長い，というのが正直なところではないだろうか。もちろん文が長いから悪いというわけではない。しかし文が長くなればなるほどその構造は複雑になり，その分，明晰さが犠牲になることは避けられない。裁判の判決というのは文学作品ではないのだから，文章に要求されるのは明晰さであって含蓄ではない。上の文章を一読した人が，文末の「特に不合理であるとは考えられない」という述部に対応する主部が何であるかを，すぐに理解できるだろうか。
　このような難点に気付いたからだろうか，この訴訟の控訴審判決では，文例〔1〕に相当する部分が次のように書き換えられている。

　文例〔2〕
　　（二）　中間利息の控除割合について
　（1）　逸失利益の算定における中間利息の控除は，被害者が将来の一定の時点で受けるべき利益（金員）を被害者の死亡時点等における現価として算定するために，当該将来の時点までの一般的な運用利益に相当する金員を控除する趣旨のものであるから，その場合の控除割合を，利息を生ずべき金銭債権につき別段の意思表示がない場合に元本に附帯する旨法定されている利率（民法404条）や，金銭債務の不履行に伴う損害賠償として元本に附帯する旨法定されている遅延損害金の利率（同法419条，404条）と同一のものとしなければならない必然性があるものということはできない。
　　しかしながら，民法の制定当時，右の各利率が年5分と定められたのは，当時の我が国及び諸外国の一般的な貸付金利や法定利率などを参考にした結果であって，その割合を定めるに当たり一般的な

1. 難解な判決文

運用利益が考慮されている点においては，中間利息の控除の問題と共通する背景があったということができるところ，民法の右各規定は，その制定当時から現在に至るまで改正されていないのである。
　このような事情に照らせば，逸失利益の算定における中間利息の控除についても，それを不合理，不公平であるとすべき顕著な事由が存しない限り，前記の民法において定める年5分の法定利率によってするのが相当と解すべきである（東京高判平12.9.13.）。

　ここでは，長文であった一審判決文（〔文例1〕）が三つの文に分けられただけではなく，意味が不明確であった最後の部分は，主部・述部が明確になるように書き改められてもいる。判決の内容自体に変りはないのだが，このように修正することで，判決の趣旨がより正確に読み手に伝わるようになったことは確かだろう。
　以上に関連して印象に残った文章をもう一つ挙げておく。

文例〔3〕
　　被控訴人らは，中間利息の控除につきライプニッツ係数を用いるのであれば，利率は年4パーセント以下とすべきである旨主張するが，中間利息の控除については，その時々の金利動向の高下にかかわらず，これを民法において定める年5分の法定利率によって行うことが長年にわたり定着しているところであり，これが不合理，不公平であるとすべき特段の事由が存しない限り，民法において定める年5分の法定利率により，中間利息を控除することは違法でないというべきところ，最近の我が国の金利動向が，著しい低金利の状態にあることを考慮しても，中間利息の控除割合を年5パーセントの割合によるものとすることが，不合理，不公平であるとすべき特段の事由が存するものとは認められないから，この点での被控訴人らの主張は，採用することができない（東京高判平13.6.27. 交民34-3.）。

　この文章もその内容からすれば一つの文が長すぎるし，長い分，明晰さに欠けると思われる。更にここでは，「民法において定める年5分の

法定利率」と「不合理，不公平であるとすべき特段の事由」という文言が繰り返し用いられ，その分，文章は煩雑にもなっている。

　この文章は要するに「中間利息の控除は，現実の金利の動きに関係なく，5％という法定利率によって行われてきたのだから，5％が不合理，不公平でない以上，割引率を4％にするという被控訴人の主張を認めることはできない」ということなのだろう。そうだとすれば，ここで明確にしなければならないのは，「著しい低金利の状態」にもかかわらず，将来所得を5％で割り引くことが不合理，不公平ではないとする「事由」ではないのだろうか。しかしこの文章は「特段の事由が存在しない」という曖昧な表現を連発するだけで，「著しい低金利の状態」がなぜ「特段の事由」にあたらないのかを述べているわけではない。これでは5％の割引率が不公平ではないという「事由」を示したことにはならない。

　他方，この裁判と同じように5％の割引率を不当だとした被害者の訴えに対し，「原告らは，ライプニッツ係数による中間利息の控除計算において控除割合を年3パーセントとすべきであると主張するが，採用できない」とした判決文（神戸地判平17.6.9. 交民38-3.）がある。この文章は簡潔すぎるほど簡潔なために，それが3％という割引率を採用できないとする理由を欠いているという欠陥が逆に際立ってしまっている。このことからすると，上に示した文例〔1〕や〔3〕は，長文であることが文章の構造を複雑にするだけではなく，結果として問題の核心を隠蔽する働きをしているようにも思われる。

　この点について，いま一つ低金利に関して述べている判決文を採り上げる。なお，これは前掲の文例〔2〕（東京高判平12.9.13. の（二），(1)）の続きの部分である。

　　文例〔2〕（続き）
　　　（2）　ところで，我が国の金利動向については，昭和61年ころまでは長期間にわたり定期預金の年利率が5パーセント前後の水準で推移してきたところ，最近の約10年間は顕著な低金利の状態が続いていることが公知のところである。しかしながら，かかる状態

は，いわゆるバブル経済の崩壊に伴いわが国に現在生じている特異な現象と見ることのできるものであるから，将来にわたりかかる状態が永続するものと判断することはできない。そして，本件における逸失利益は，本件口頭弁論終結時から約5年後（甲が18歳に達すべき時）以降約50年間にわたる得べかりし収入に係るものであって，かかる遠い将来にわたっての金利等の推移を的確に予測することは困難であるというほかないのである。

　また，このような将来にわたる逸失利益の算定においては，得べかりし収入の額，生活費の額，稼働期間等の諸要素のいずれをとってみても，その数額や期間を具体的に予測することは困難であるところから，一般的，抽象的な蓋然性に依拠してその数額や期間を措定し，これにより算定することをもって満足するほかないのであって，中間利息の控除においても，同様に，一般的，抽象的な蓋然性によらざるを得ないというべきところ，逸失利益の算定における中間利息の控除割合については，長年にわたり，右（1）のような基本的な考え方に基づき，その時々の金利動向の高下にかかわらず，前記民法上の法定利率による方法が定着して用いられてきたことをも考慮する必要がある。

　（3）　以上のような事情を総合的に考えると，本件における逸失利益の算定上，中間利息の控除割合を年5パーセントの割合によるものとすることが，不合理，不公平であるとすべき顕著な事由が存するものということは未だできないものというべきである。

　この文章では，金利等の予測が困難であることを指摘した前半はともかく，後半の文意を正確に読み取ることは難しい。将来の収入や生活費だけではなく，中間利息の控除割合もまた「一般的，抽象的な蓋然性」によって決められるということの内容が読み手の私に伝わってこないのである。これは私の責任なのかもしれない。しかし抽象的な蓋然性とはどのようなものなのだろうか。被害者の収入を『賃金センサス』を基に推計したり，就業期間を「平均寿命」や社会の慣行を参考にして決めたりすることが「一般的な蓋然性に依拠している」というのは分からないではない。しかしだからと言って，割引率を5％にすることが同じよう

に「一般的な蓋然性」に基づくということにはならないだろう。5％というのは法定利率であって，平均賃金のように統計的な蓋然性（確率）に基づくものではないからである。ましてそれが抽象的な蓋然性ということになると，私はその文意を理解することができない。蓋然性というのは「ある事象が実際に起こるか否かの確実さの度合い」（『広辞苑』）のことで，要するに確率（probability）である。確率である以上，それは具体的な概念ではないのか。この判決が述べているのは，詰まるところ5％という法定利率による中間利息の控除方法が「定着して用いられてきた」からここでもそれを採用するということに過ぎないのであって，5％の割引率が合理的で公平なものであるという具体的な理由を示しているわけではない。

その結果，この判決は前掲の部分で控除率を法定利率の5％にしなければならないという「必然性があるものということはできない」としながら，確たる理由なしにその5％を採るという自己矛盾を内包している。抽象的とか蓋然性とか，更に言えば指定とかという哲学や統計学の難解な用語を並べるのはその矛盾を隠蔽するためのいわば隠れ蓑ではないのだろうか。

このような読み方は私の力不足から来る誤読にすぎないのかもしれない。しかし，どうすれば自分の真意を原告や被告にきちんと伝えることができるかに心を配るのは判決文の書き手に課せられた義務だろう。判決文に必要なのは文章の明晰さであって修辞の技術ではないはずである。

2．「糊と鋏」

それにしても判決文を書くとき，裁判官はそれを読む相手としてどのような人を想定しているのだろうか。民事訴訟というのは原告と被告との争いだから，形式的に言えば，判決文は原告や被告という当事者が理解できることを前提にして書かれるべきだろう。このことを突き詰めて行けば，人間は誰もが民事裁判の当事者になることがありうるのだから，判決文は義務教育を終了した程度の学力さえあれば読めるようなものであることが望ましいということになる。本来，判決文はできるだけ理解

2.「糊と鋏」

し易いことが要求されるのである。

　しかしこれは現実味のない理想論に過ぎないだろう。裁判それ自体が「法」に則って行われる以上，法に関するある程度の専門的な知識がなければ，事・実・上・，訴訟を起こすことさえできないからである。そこで当事者は専門家である代理人――通常は弁護士――を立て，この代理人が裁判に関する一切の実務を担うことになる。この場合には，裁判官は弁護士という同じ法の世界の人を対象にすることになるのだから，判決文はこの世界だけで通じる専門用語（jargon）や表現法を用いて書き上げられる。

　このことが判決の内容を厳密かつ正確なものにすることは確かだろう。しかし反面で，判決文の形式や内容が狭い世界の中だけで通用する傾向が生まれることにもなる。このような傾向が顕著になると，裁判そのものが実質上，当事者本人を抜きにして行われることになりかねない。特に交通事故の場合，損害賠償金を直接に支払うのは加害者本人ではなく損害保険会社であることが殆どなので，訴訟が専門家同士の間で極めて機械的，効率的に処理されてしまう。

　このような傾向を判決文の次元で捉えると，それが定型化し，例えて言えば金太郎飴のように，どの判決文を開いても同じような言葉や言回しが顔を出すことになる。実際，逸失利益の算定方式に関する判決文を読んでいると「これはどこかで目にしたのでは」と思われる言葉や文章――上記の文例で言えば，例えば「不合理，不公平であるとすべき事由」――が繰り返し現れる。

　もっとも，5％の割引率が妥当か否かというような一般的な争点に限定すれば，それに対する判断もまた一般的なものになるのだから，判決文がある程度似てくるのは避けられない。しかし，より詳細に判決文を比較してみると，裁判のあり方として「これでよいのだろうか」という疑問の生じるようなケースにしばしば出会すのは確かである。

　そこで，やや長くなるが，文例〔2〕とは別の交通事故に対する控訴審判決（東京高判平 12.11.8. 交民 33-6. 判時 1758.）から中間利息の控除割合について書かれた部分を引用する。

文例〔4〕
　(2)　中間利息の控除割合
　一審原告らは，中間利息の控除は年4％のライプニッツ係数を基にすべきであると主張する。しかし，以下の理由により，本件においてこの見解を採用することはできない。
　ア　逸失利益の算定における中間利息の控除は，被害者が将来の一定の時点で受けるべき賠償金（金員）を被害者の死亡時点における現価に換算して算定するため，当該将来の時点までの一般的な運用利益に相当する金員を控除する趣旨により行われるものであるから，理論上，その場合の控除割合を，金銭債権につき別段の意思表示がない場合に元本に附帯して生じる法定利息の利率（民法404条）や，金銭債権（ママ）の不履行に伴う損害賠償として元本に附帯して生じる遅延損害金の利率（民法419条，404条）と必ずしも同一の利率にしなければならないものではない。
　しかし，民法制定当時，右の各利率が年5分と定められたのは，当時の我が国及び諸外国の一般的な貸付金利ないし預金金利や法定利率などを参考にしたことによるものであって，その割合を定めるに当たり一般的な運用利益が考慮されている点において，中間利息の控除の問題と共通する経済的・社会的背景があったものであり，民法の右各規定は，その制定当時から約100年を経過した今日まで全く改正されていない。
　このような事情を考慮すると，逸失利益の算定における中間利息の控除についても，それを不合理，不公平であるとすべき特段の事情が認められない限り，民法が定める年5分の法定利率によってするのが相当というべきである。
　イ　また，我が国の金利動向は，昭和61年ころまでは長期間にわたり定期預金の年利率が5パーセント前後の水準で推移してきたが，最近の10年間は顕著な低金利の状態が続いていることは公知の事実である。しかしながら，このような状態は，いわゆるバブル経済の崩壊によって生じている極めて特異な現象と見るべきであって，現時点において将来にわたり，このような特異な状態が永続するものと即断することはできない。特に，本件における亡甲の逸失

利益は，本件口頭弁論終結時から約40年間という長期にわたる得べかりし利益を算定するものであるから，このような遠い将来にわたる貸付金利や定期預金の金利等の推移を現時点で的確に予測することは著しく困難であることはいうまでもない。

　結局，右のような将来にわたる逸失利益の算定においては，得べかりし収入の額，生活費の額，稼働期間等の諸要素のいずれを取り上げても，その数額や期間を具体的に予測することは困難であるから，一般的，抽象的な蓋然性に依拠してその数額や期間を措定し，これにより控え目に算定せざるをえないのであって，中間利息の控除においても同様に，一般的，抽象的な蓋然性によらざるを得ず，その場合は，逸失利益の算定における中間利息の控除割合については，永年にわたり，右アのような理念に基づき，その時々の金利動向等の高下にかかわらず，民法上の法定利率による方法が定着して用いられてきたことをも考慮し，中間利息の控除割合を決すべきである。

　ウ　以上の点を考慮すると，亡甲の逸失利益を算定するにおいては，中間利息の控除割合を年5パーセントとするのが相当であり，本件においてこれを不合理，不公平とすべき特段の事情を見いだすことはできないから当裁判所は，中間利息の控除に関し，年5パーセントのライプニッツ方式を採用することとする。

　この判決文を前掲の文例〔2〕と読み比べてみてほしい。それらが別々の訴えに対して別々の裁判官によって書かれているにも拘わらず，相違点を見いだすのが困難なほど酷似していることが分かるだろう。何よりも全体の構成や表現が瓜二つであることは，これら二つの文例を並べれば一目瞭然である。また文例〔2〕で問題にした「一般的，抽象的な蓋然性」という内容不分明な表現がそのまま使われているだけではなく，「数額」のような一般的ではない単語が共通していることを見ると，一方の判決文が「糊と鋏」（最近の言葉ではコピペ（copy and paste））で他方から作り出されたのではないかという疑問を払拭することは難しい[1]。これが学術論文であれば明らかに剽窃である。しかしこれらは判決文，それも（裁判官は異なるにしろ）ともに東京高裁の判決文である。

このことからすれば，両者の内容が酷似しているのは，争点について慎重かつ広範に検討された結果であると肯定的に見るべきなのかもしれない。また，それぞれの裁判官が常識では到底，処理できるとは思えないような数の事件を抱え込んでいるという裁判所の現状を考えれば，「文は人なり」という格言があるにしろ，「糊と鋏」という便法もまた許されると寛容に考えるべきなのかもしれない。

　ここで屋上屋を架する感は否めないのだが，同じように中間利息の控除割合について書かれた判決文をもう一つだけ挙げておこう。これは平成11年7月に起こった事故に対して，神戸地裁が下した判決（平15.3.28. 交民36-2.）から，割引率を5％とした理由を述べた部分を抜粋したものである。

　文例〔5〕
　　A　逸失利益の算定における中間利息の控除は，将来の一定の時点で受け取るべき利益（金員）を死亡時点等における現価として算定するために，本来受け取るべき将来の時点までの一般的な運用利益に相当する金員を控除する趣旨のものであるから，民事法定利率（民法404条）や遅延損害金の利率（同法419条，404条）と同一のものとしなければならない論理的必然性があるわけではない。
　　　しかしながら，民法は，制定当時の一般的な運用利益を考慮した上で法定利率を年5分と定めたのであって，運用利益を念頭においている点において中間利息の控除の問題と共通する背景があったということができるところ，民法の上記各規定は，その制定当時から現在に至るまで改正されていない。
　　　したがって，逸失利益の算定における中間利息の控除割合についても，それを不合理，不公平であるとする特段の事情が存しない限り，民法が定める年5分の法定利率によるのが相当と解すべきである。

---

　　1)　「数額」という単語は法の世界では古くから用いられているようだが（例えば，大判明治43.4.5. 民録16輯73頁），普通の辞書（例えば『広辞苑』，『角川　漢和中辞典』）にはこの言葉は見当たらない。

B　ところで，わが国における定期預金の金利は長期間にわたり年5％前後で推移してきたものの，最近の10年間ほどは著しい低金利の状況が続いている（公知の事実）。しかしながら，このような状態が将来にわたり永続するか否かは不確かな事柄である上，本件においては，本件口頭弁論終結時以降50年間以上にわたる逸失利益の算定が問題となっているのであって，その間の貸付金利や定期預金の金利の推移を的確に予測することは困難というほかない。

　また，将来にわたる逸失利益の算定は，基礎収入，就労可能年数及び生活費控除割合の認定過程をみても明らかなように，一般的，抽象的な蓋然性に依拠してこれを行わざるを得ないものであるところ，このような逸失利益算定のための一要素である中間利息の控除割合については，長年にわたり，上記ア（ママ）のような基本的な考え方に基づき，その時々の金利動向の高下にかかわらず，民法が定める年五分の法定利率が採用されてきたのであって，このことは様々な意味で十分考慮されなければならない。

C　以上の諸点を総合的に考察し，甲の逸失利益を算定する際の中間利息の控除割合については，年5％を採用するのが相当であると判断するものである。

　この判決文になると，これと前掲の二つの東京高裁の判決文との類似の程度は，東京高裁の判決相互間のそれほど緊密ではない。この判決が東京高裁ではなく神戸地裁のものであることからすればこれは当然のことなのかもしれない。しかし，神戸地裁の判決（文例〔5〕）が先行した東京高裁の二つの判決（文例〔2〕と〔4〕）に類似している程度は，単にそれらを参考にしたという域を超えるものであることは否定し難い。内容の類似はもちろんのことだが，全体の構成，文章そのもの，更には用いられている言葉も前二者のそれに酷似していることは否めないからである。例えば東京高裁の二つの判決文で用いられた「一般的，抽象的な蓋然性」という特異な表現や「金利動向の高下」という重複的な表現が神戸地裁のこの判決でもそのまま用いられていることを見れば，神戸地裁の判決文が先行した二つの東京高裁の判決を基にして書かれたものであることは否めない事実だろう[2]。ここでも判決を書くために用いら

れたのは「糊と鋏」である。

　もっとも，だからと言って，このような判決文が「裁判官の独立」を謳った憲法76条に直ちに抵触するというわけではないだろう。たとい既存の判決の完全なコピーであっても，裁判官がその判決を「良心に従い独立して」作ったのであれば，それはそれとして是認されるべきだと言えなくもないからである。

　しかしこれら三つの判決文が酷似しているというだけではなく，文例〔1〕の「金銭債務の不履行」という文言が（不注意からだろうが）文例〔4〕では「金銭債権の不履行」と置き換えられていたり，文例〔5〕が項目の記号を文例〔2〕の（ア，イ，ウ，）から（A，B，C，）に置き換えたにもかかわらず，本文ではそれにともなう修正を行っていないことなどをも併せ考えると，これらの判決文は人間の死をいかにも安直に扱っているのではないか，という疑念を払拭することはできない。

　この程度の類似や不注意から来る単純なミスは取り立てて言うほどのことではないのであって，私がしているのは揚げ足取りにすぎないのかもしれない。しかしそれは法の世界の中では許されることであっても，生命を失った被害者本人や最愛の子や親を奪われた遺族に対して通用する理屈ではないだろう。このような判決文を読まされる方は，掛け替えのない人間の生命を（保険会社だけではなく）裁判所もまた効率という原則に則り，前例に倣って機械的かつ安直に処理してしまっている，と受け取らざるをえないのである。裁判に持ち込まれたそれぞれの案件は，裁判官にとっては山積した仕事の一つにすぎないのかもしれない。しかし被害者本人やその家族にとって，裁判は失われた生命のいわば発露なのである。判決文がこのように安易に作成されたものだと知った時，遺族が裁判所に対して怒りや不信や落胆やらを感じたとしてもおかしくはないし，人間の生命の尊さを言いながらこのような判決の在り方を至極当然のものとして受け容れている法の世界に対し，寂寞とした絶望感を持ったとしても，これもまた不思議ではないだろう。

　2）「動向」も「高下」も動きを示す言葉だから，「金利動向」もしくは「金利の高下」と言えば足りるのであって，それらを重ねて「金利動向の高下」とする必要は必ずしもない。

第 8 章

最高裁判決（平 17.6.14.）について[*]
—— その論理を問う ——

1. 閑話休題

　逸失利益を算定するための割引率を法定利率の 5 ％よりも低くすることを認めた判決は，既に第 4 章で述べたように，平成 12，13 年頃に散発的に現れたのだが，平成 15 年 11 月に二つの判決が相次いでこの列に加わった。一つは平成 13 年 8 月に当時 9 歳であった男児が死亡した交通事故に対する訴訟で，札幌地裁が「中間利息控除を年 3 ％のライプニッツ方式にして計算することは相当であると認められる」（札幌地判平 15.11.26.）としたものであり，いま一つは翌平成 14 年 6 月に当時 18 歳であった男性が死亡した事故に対する訴訟で，札幌地裁小樽支部が「3 ％という数値を中間利息控除率として用いて逸失利益を算定することは十分に控え目な算定方法ということができる」（札幌地裁小樽支判（以下，簡単に小樽支判）平 15.11.28.）としたものである。
　これらの訴訟はともに札幌高裁での控訴審を経て，最終的には最高裁にまで持ち込まれたのだが，以下ではその経緯を追う。そうすることが逸失利益の算定方法についてこれまで分析してきた問題点を集約的に検討することに連なるからである[1]。

　[*) この章は拙稿〔2〕を基にして，それを全面的に書き改めたものである。
　1) この章で採り上げる訴訟は二つである。一つは札幌地判平 15.11.26., 札幌高判平 16.7.16., 最判平 17.6.14.（以上，何れも『金融・商事判例』1225。なお最判は『判時』1901，『判タ』1185 にも掲載されている）であり，今一つは札幌地裁小樽支部判平 15.11.28.,

2. 下級審の判断

　民事裁判というのは，言うまでもなく，原告の訴えからスタートするのだが，これら二つの裁判ではどちらの原告もその訴えの中で，逸失利益の算定方法に関して第3章でも言及した実質金利という概念を新しく持ち出してきている[2]。このことが詰まるところ3％の割引率という結論に行き着くのだが，そこに至るまでの裁判所の論理ということになると，二つの訴訟の間には些か食い違いが認められる。もっとも「中間利息の控除は……民法上の法定利息の利率が年5分であることとは直接には関係のない問題」(札幌地判)であるという認識は双方に共通しているのだが，これを受けて小樽支判が，単なる利子率ではなく「経済成長という要素をも考慮」した「実質金利」を用いて逸失利益を算定すべきであるという原告の主張に基づいて割引率を3％としているのに対し，札幌地判の方は「実質金利」についての理解が曖昧であり，単に低金利という事実だけを基にして3％の割引率を採用しているように思われる。先ずこの点をもう少し詳細に見ておこう。

　札幌地判は原告の主張を「中間利息の利率は，理論的には当然実質金利であるべきところ，統計上，実質金利が5％という高率になったことは過去に一度もない」と捉えた上で，「市中金利が極めて低いとか，実質金利がマイナスであるといった事情が認められるような場合には，年5％の……中間利息控除が過大な中間利息控除になってしまうことが容易に推認されるというべき」(傍点はすべて引用者)であり「1996年以降，預金金利が0.39％からさらに年々下降傾向にあることが認められる

　札幌高判平16.8.20.，最判平17.6.14. である。しかしこれら二つの事件の原告の主張が同じような内容のものだからだろうが，それらに対する札幌高裁と最高裁の判決内容は実質的には同じだと言ってよい。従って，以下では原則として二つの事件を区別していない。

　2) 既に第3章で述べたように，逸失利益の算定に実質金利を明示的に持ち込んだ論文として，浜田宏一〔1〕があり，それを受け継いだものとして東京高判昭59.1.23.の原告の主張がある。なお，その後，札幌地判平13.8.30.(判時1769.)でも，原告が実質金利を基準として中間利息の控除を行うことを主張したが，そこでも第3章4.で述べたと同じように議論は噛み合っていない。

……ような状態で，年５％で……中間利息を控除することは，いかにも過剰な中間利息の控除であると考えられる」と述べている。この判決では「実質金利」という言葉は用いられてはいるが，それがどのようなものであり，なぜそれを用いなければならないのかという肝心の点は「理論的には当然」の一言で片付けられてしまっている。これでは判決文を読んでも原告が「実質金利」を持ち出した必然性は分からない。札幌地裁は市中金利が低いという事情と実質金利が低いという事情とを単に並列させることに３％の根拠を求めているにすぎないのであって，これからすれば札幌地判は実質金利と市中金利とを明確に区別していないようにも見え，その分，この判決は論理的な説得力に乏しいと言わざるをえない。

　これに対し小樽支判は原告の主張をより的確に把握している。即ちこの判決は，逸失利益を算定する場合に考慮すべき要素は「経済成長と利殖による増殖」の二つであり，それらは互いに「密接に関係している」のだから，「将来支払いを受けるべき金員を……現在の価格に換算する場合には……利殖による増殖のみならず経済成長という要素をも考慮しなければ被害者にとって酷な結果となることがある」という原告の主張を肯定した上で，この場合に「重要なのは所得成長率や預金利率そのものではなく（これら双方の動きを反映した――引用者――）その差である実質割引率」（括弧内は引用者）であり，統計資料によれば「実質金利の数値は５％という数値とはほど遠いもの」（傍点は引用者）であるから「３％という数値を中間利息控除率として用いて逸失利益を算定することは十分に控えめな算定方法ということができる」と結論づけている。ここでは将来所得の割引が実質金利によって行われなければならないという論理と実質金利が到底５％に満たないという過去の事実とを基にして３％の割引率という結論が導き出されているのである。

　３％という割引率の採用を認めたこれら二つの一審判決に対し，それぞれの被告（加害者）は，当然のことだろうが，割引率は従来通り５％とすべきだとして控訴した。それらを受けた札幌高裁はどのように判断したのだろうか。

　結論だけを先取りして言えば，これらの控訴審の判決で，札幌高裁は

「本件において，逸失利益の現在価値を算定するにあたっては，中間利息控除率として年3％を用いるのが相当である」と断じている。この裁判以前に，逸失利益を算定するための割引率の値について高等裁判所が判決を下した例はいくつか見られるのだが，それらは5％未満の一審判決を不服とする被告からの控訴であれ，逆に5％の割引率を不公平とする原告からのそれであれ，殆どすべてが5％の法定利率を適用すべし，とするものであった[3]。このことに照らせば，これらの事件における札幌高裁の判断は異例のものであると言ってよい。しかし異例だからといってそれが間違っているということにはならない。問題はその判決の理由が正当か否かである。札幌高裁はどのような理由でこれまでの高裁判決とは異なった判断をしたのだろうか，そしてその理由は逸失利益のあるべき姿とどのように係わっているのだろうか，そこが問題である。

この点に関して札幌高裁は次のように言う。

「交通事故によって生じた逸失利益の現在価値を算定する方法については，……逸失利益算定の基礎収入を被害者の死亡時に固定した上で将来分の逸失利益の現在価値を算定する場合には，中間利息の控除率を裁判時の実質金利に従って計算するのが相当」（傍点は引用者）である。なぜならば「逸失利益の現在価値の算定をする上で中間利息を控除することが許されるのは，中間利息を控除してもなお，将来にわたる分割支給に比して不足を生じないだけの経済的利益が一般的に肯定される」場合であって，そのためには「被害者が中間利息控除後の一括金を受給することによって，少なくとも名目金利と賃金上昇率又は物価上昇率との差に当たる実質金利相当の資金運用が可能であると一般的に判断し得ることを要する」からである。

この文章は（本書第5章を抜きにして，これだけを読めば）あるいはやや分かり難いかもしれない。しかしこれは一定の将来所得を名目金利で割り引いて逸失利益を算定するという方法は，物価上昇が生じている限りは実質的な所得の低下をもたらすのだから，公平な算定のためには割

---

[3] 唯一の例外は東京高判平12.3.22.（判時1712.）である。ここでは低金利を理由に割引率は4％とされている。

2. 下級審の判断

引率として実質利子率を用いなければならない，とした第5章の議論と本質的には同じことである。そこで蛇足を承知のうえで，札幌高裁の判決を敷衍し，それが第5章の「一般理論」と軌を一にするものであることを示しておこう。

逸失利益というのは，被害者の側からすれば，将来手にすることができたはずの金銭を現時点で一括して受け取るということだから，それが公正なものであるか否かは，現在の逸失利益と将来の収入とを比較することで初めて判断できることになる。ただしこれらの金額をそのまま比較するのは無意味であって，比較するためには将来の値を割り引いて現在価値に換算しなければならないし，そのためには少なくとも二つの要因——利子と物価騰貴と——が斟酌されなければならない[4]。

将来の値を割り引くとき，金利が不可欠の要因であることは説明を要しないだろう。現在の貨幣は1年後には利子を生むからである。もし利子率が（年利）5％であれば1年後に手に入る100円の所得の現在価値はそこから5％の利子を控除した95円（正確には95.23円。以下では，理解を容易にするために，すべて概算値を用いている）になる。これは利子率が5％であれば現在の95円と将来（1年後）の100円とは等価（equivalent）だということである。しかし，もしその間に物価が騰貴したとすればどうなるか。貨幣というのは財を購入するための手段だから，物価が変動する場合には，金額そのものではなく，それの持つ購買力（高裁判決文では「経済的利益」）で価値を測定しなければならない。なるほど物価の動きがどうであれ，利率が5％であれば現在の95円は1年後には100円になる。しかしその間に物価が3％騰貴すれば，その100円で購入できる財は，現在の物価水準で評価すると，97円分に相当するものにすぎない。購買力で評価すれば，物価が上昇する場合には（利子率が5％であっても）現在の95円は将来（1年後）の100円と等価ではないのである。このことは実質的に考える限り，将来所得の割引には利子率だけではなく物価騰貴率をも考慮しなければならないことを示している。

---

4) 以下では利子と物価騰貴だけを採り上げ，賃金水準の上昇には触れていない。「少なくとも」としたのはそのためであるが，ここでの分析に関する限りは，物価騰貴についての説明は賃金水準の上昇についてもそのまま当てはまると言ってよい。

では，利子だけではなく物価変動をも斟酌した場合，1年後の100円の現在価値（被害者の受け取る逸失利益）はいくらになるのだろうか。容易に分かるように100円からその2％分を差し引いた98円である。この2％は5％の利子率から3％の物価騰貴率を差し引いた値であり，これが「実質金利」に他ならない。実際，98円は1年後に5％の利子を生んで103円になるが，この103円で購入できるのは現在の価格が100円の財である。1年後の収入を100円に固定し，その現在価値を95円とするというこれまでの逸失利益の計算は，価格が上昇する場合には賃金の購買力が低下するので，という被害者に不利な結果をもたらすのである。だからこそ札幌高裁の判決は逸失利益の算定方法について，名目金利ではなく「実質金利相当の資産運用が可能であると一般的に判断し得ることを要する」とし，基礎収入が「被害者の死亡時に固定」（傍点は引用者）されている場合には，中間利息の控除率は実質金利とすべきである，と言うのである。

3. 実質利子率

ここで一つ付言しておかなければならないことがある。

これまでの説明から明らかなように，本章では「実質利子率」がキーワードである。しかし判決文で用いられているこの言葉の定義はやや混乱している。実質金利という言葉をこれらの訴訟の中で最初に用いたのは双方の原告だが，そこでは利子率から所得成長率を差し引いた値が「実質金利」であるとされている。しかしこれは経済学で通常用いられている実質金利と同義ではない。経済学で「実質」というのは，実質賃金とか実質成長率とかという用語がそうであるように，それぞれの時点の価格水準で評価された値（＝名目値）から基準時からの物価変動分を除去した値を指している。これと同じように，実質利子率というのは通常の利子率（名目利子率）から，所得成長率ではなく，物価騰貴率を差し引いた値を指すのが普通である（本書でも，これまでは実質利子率という言葉をそのような意味で用いてきた）。

このことを意識してだろうか，札幌高裁は実質利子率を「名目利子率

と賃金上昇率又は・物価上昇率との差」(傍点引用者)と定義している。しかしこれは一つの言葉が二つの事柄を指しており，前記とは別の意味で，この用語法もまた正確ではない。なるほど原告の主張は，逸失利益を算定するためには将来の所得を，通常の利子率(名目利子率)ではなく，そこから所得の変化分を差し引いた率で割り引かなければならないというものだから，この割引率を「実質利子率」と名付けることで，これまで用いられてきた「利子率」と区別したのである。札幌高裁は原告のこの主張に同調しながら，「実質」という言葉に物価騰貴分の除去という正統な意味をも付け加えたのだろう。その事情は理解できるし，公正な逸失利益を算定するためには，既に第5章で説明したように，少なくとも物価の変動分，場合によっては所得水準の変動分をも考慮しなければならないのも確かである。従って以下では，正しい用語から逸脱し厳密さを欠くことにはなるのだが，名目利子率から所得成長率又は物価騰貴率を差し引いた値を，敢えて実質利子率と呼ぶことにする。

4. 上 告 審

(1) 上告理由

このような札幌高裁の判決に対し一審の被告(事故の加害者＝控訴審の控訴人，以下では簡単に被告)はどちらも最高裁に上告した[5]。逸失利益を3％の割引率で算定することを認めた高裁の結論に対する被告の態度としては，これは当然のことだろう。問題は最高裁がこの上告をどのように判断したかである。

この事件以前に，逸失利益算定の割引率の値を不服として被害者が最高裁へ上告したケースはいくつかあるのだが(私の知る限りでは5件)，最高裁はそれらをすべて棄却してしまっている[6]。いわば門前払いである。

---

5) 平成8年6月に改正された民事訴訟法によれば，最高裁に対する上告の手続きには，憲法違反と絶対的上告(民事訴訟法，旧395条，新312条Ⅱ)とを理由とする(いわゆる狭義の)上告と，法令違反を理由にする「上告受理の申し立て(裁量上告)」との二つがある〔3〕。ここでは煩雑さを避けるためにこれらを区別せず，両者を「上告」として扱い，それらが正式に受理されない場合は不受理を含めて「棄却」とする。

なお付け加えれば，逸失利益の算定方法に関しては，割引率の値を争点としたもの以外にも，上告された案件はこれまでにいくつかある。例えば未就業女子の基礎収入として（男子をも含めた）全労働者の全年齢平均賃金を用いた高裁判決を不服とした被告からの上告に対し最高裁がこれを棄却した判例（平 14.5.31. 交民 35-3.）があり，逆に女児の基礎収入として男子労働者の全年齢平均賃金を用いるべしとした原告の申し立てを認めなかった高裁判決に対する上告について，最高裁がこれを棄却した例（平 13.9.11. 自保ジャーナル 1414.）もある。また（既に触れたことだが）逸失利益の算定における割引方法について最高裁は，ライプニッツ法とホフマン法の何れをも「不合理とは言えない」としてこれら双方を容認している（最判昭 53.10.20. 民集 32-7. 判時 908.，最判昭 56.10.8. 交民 14-5.，最判平 2.3.23. 判時 1354. など）。

　このような先例から推せば，逸失利益の算定において具体的にどのような方法を用いるかというのは最高裁が審理・決定すべき性質の問題ではない，というのが最高裁自身の（少なくともこれまでの）基本的な立場であるようにも思われる。そうだとすれば，割引率の値を 3 ％とするこの度の高裁判決も，詰まるところは逸失利益の算定方法を問題にしているのだから，この上告は正式には受理されないのではないか，との予想は十分に可能であった。実際，今回の札幌高裁の判断に異を唱えて上告した被告自身も，そのように予想していた節が見られるのであって，その「上告受理申立理由書」には，この件は「中間利息控除の利率が主たる争点となっているもの」であるから，「最高裁判所が単なる法令違反又は（損害賠償額という）事実認定の問題として実質判断を回避」（括弧内は原文）するという事態になることが懸念されるのだが「本件については，そのような取り扱いをされないように切望」する旨の記述がある。

　そこで最高裁の判断を検討する前に，被告がどのような理由で上告したかを「上告受理申立理由書」（以下，「理由書」）を基にして，簡単に見ておこう。

　まず，札幌地裁の訴訟について見ると，被告はその「理由書」の中で

---

　　6) 東京高判平 12.9.13. 金商 1101.，東京高判平 12.11.8. 判時 1758.，東京高判平 13.1.31. 交民 34-1.，福岡高判平 13.3.7. 判タ 1061.，東京高判平 15.10.29. 自保ジャーナル 1555.

「本件は中間利息控除の利率が主たる争点となって」おり，これについての原告の主張が「中間利息の控除利率を……実質金利に従って計算するのが相当」（傍点は引用者）であるとしていることを認めている。ところが実質金利とは何か，ということになると，被告は「実質金利とは，単なる預金金利ではなく，資産の様々な運用により得られる利益一般の利率を意味し，国債・投資信託の利回り，株式・不動産投資などによる利益なども考慮」した「運用益」のことであると主張する。その上で，被告は「原審（控訴審のこと—引用者—）は，「中間利息の控除は実質金利によるべきである」として，他の金銭の運用益については全く考慮せず「定期預金金利と所得成長率との差」だけで金銭の運用益を考えるという独自の誤った判断をなしている」として，原審の判決を批判する。

　前もって受領した逸失利益を，諸々の金融資産や実物資産など定期預金以外の方途で運用できることは確かだし，その場合の利回りが定期預金の金利よりも一般に高くなることも確かである（ただしそれに伴うリスクも大きくなる）。しかし原告や高裁が言っているのは，もし諸々の資産での資金運用を考慮に入れるとしても，逸失利益を算定する時にはその利回りから所得又は物価上昇率を差し引いた実質値を割引率としなければ公正な結果が得られない，ということなのである。被告は実質金利が何であり，なぜ実質金利で将来所得を割り引かなければならないのかという問題の本質を捉えていない。

　もう一方の小樽支部の訴訟についても同じようなことが言える。逸失利益の算定においては「名目金利と賃金上昇率又は物価上昇率との差に当たる実質金利相当の資金運用」を考慮しなければならず，その実質金利は「少なくとも年3％を超えることはなく……（それは）中間利息控除率として……十分に控えめな率である」とした原審（＝控訴審）の判断に対し，被告はその「理由書」の中で，「しかしながら，資金運用の方法によっては年5％を超える利回りを得る可能性もないとは言えず，原判決が実質金利が少なくとも年3％を超えることがない旨を断定した点に，まずは経験則違反の違法がある」（括弧及び傍点は引用者）として原判決を批判する。これもまた，実質金利の値と資金運用の利回りの大きさとを直接に対比させていることが端的に示すように，的外れな反論である。この訴訟でも被告は実質金利が何であり，逸失利益の算定はな

ぜ実質金利によらなければならないのかという理由を理解していない。

このように，これらの事案の被告はともに実質利子率とは何であり中間利息の控除はなぜこの実質利子率によらなければならないのか，という問題の本質を的確に理解していない。この裁判では割引率の値ではなく逸失利益算定の方法そのものが問われているということに上告した被告自身が気付いていないのである。

(2) 最高裁の判断

では，被告からの上告に対し，最高裁判所はどのような判断をしたのだろうか。

これは当時の新聞でも比較的大きなスペースで報じられたことなので少なくともこの問題に関心を持つ人の間では周知のことだと言ってよいのだが，最高裁判所はこの訴えを正式に受理し，平成17年6月14日に判決の言い渡しを行った。最高裁は「損害賠償額の算定に当たり，被害者の将来の逸失利益を現在価額に換算するために控除すべき中間利息の割合は，民事法定利率によらなければならないというべきである」として割引率を3％とした札幌高裁の判決を破棄し，案件を原審に差し戻したのである。

ここで，まず考えておかなければならないのは，最高裁がこの訴えを正式に受理し審理・判決を行ったことの意味である。言うまでもないことだが，この訴えを最高裁が受理したというのは，逸失利益の算定方法の審理は自己の責務だと当の最高裁が考えているということ，更に言えば最高裁はその算定方法がどのようなものでなければならないかについて定見を持っているということを示している。だからこそ，最高裁はその定見に適合した高裁判決を不服とする（これまでの）上告を棄却し，逆にそれに反する高裁判決を不服とする（この度の）上告を受理したのである。

そこで問題は，最高裁が考えている逸失利益の算定方法はどのようなものか，である。とりわけこの控訴審では，（被告の側はそれを明確に認識してはいないのだが）割引率を3％とするか5％とするかという数値ではなく，割引率として名目金利を用いるか実質金利を用いるかという算定方法が問われているのである。そのような裁判を正式に受理した以

上，最高裁は割引率の値だけではなく，逸失利益の算定方法はどうあるべきかをその判決の中で明示しなければならないはずである[7]。3％という割引率の値が妥当なものか否かは，どのような算出方法が用いられるべきかを明確にした上で決められるべき性質の問題だからである。従って，最高裁が正しいとする方法がどのようなものであるのか，そしてそれがなぜ正しいとされているのか，を正確に捉えることが以下の分析の目的になる。

この問題について考える際には，最高裁がその判決の中で，札幌高裁の判決を要約して次のように述べていることを銘記しておかなければならない。

〈「基礎収入を被害者の死亡時点のそれに固定した上で逸失利益を現在価額に換算する場合には中間利息の控除割合は裁判時の実質金利（名目金利と賃金上昇率又は物価上昇率との差）とすべき」であり，「実質金利は，多くとも年3％を超えることはなく，中間利息の控除割合を年3％とすることが将来における実質金利の変動を考慮しても十分に控えめなもの」（括弧は原文）である。〉

この文言は重要である。なぜなら札幌高裁は「基礎収入を被害者の死亡時点のそれに固定した場合」という条件付きで，将来所得の控除割合を実質金利とすべきだとしているのだが，最高裁はこのことを明確に認識しているからである。この札幌高裁の判決を逆の観点から言えば，もし被害者の基礎収入が時の経過にしたがって増加し，その増加した所得の現在価値を求めるのであれば，割引率は名目金利でよいということである。このことは割引率がどのようなものでなければならないかという問題は所得の捉え方と不可分に結びついていることを意味している。この訴訟では割引率を5％とするか3％とするかという量の問題ではなく，逸失利益の算定方法自体が争われているのである。上の引用文からすれば，最高裁はこの原審の判断を明らかに認識していると思われる。

そこで話を最高裁の判決に戻そう。まず考えなければならないのは原審が割引率を3％としたことを最高裁がなぜ是認しなかったかである。

---

7) 単に5％の是非だけを問題にするのであれば，過去の上告を正式に受理して判断すればそれで済んだのではなかったか。

これについては，以下に示す最高裁判決の僅か３行余りの文章にすべてが集約されていると思われる。

〈「我が国では実際の金利が近時低い状況にあることや原審のいう実質金利の動向からすれば，被害者の将来の逸失利益を現在価額に換算するために控除すべき中間利息の割合は民事法定利率である年５％より引き下げるべきであるとの主張も理解できないではない。」
（傍点は引用者）。〉

最高裁は割引率を民事法定利率の５％よりも低くすべきであるという原告の主張を「理解できないではない」と言う。「理解できないではない」というのは二重否定であり，二重否定は肯定だから，最高裁は割引率を３％にすべきだという原審の結論を少なくとも自分自身では理解していると思っていることになる。そして最高裁がその根拠として挙げているのは「我が国では実際の金利が近時低い状況にある」ことと「実質金利の動向」という二つの事実である。「実際の金利」というのは言うまでもなく通常の名目金利のことだから，最高裁は名目金利と実質金利の双方を基にして，割引率を５％よりも引き下げるべきであるという主張を「理解できないではない」としているのである。しかし，名目金利と実質金利とは同じものではないのだから両者は峻別されなければならない，というのが札幌高裁判決の前提でありポイントなのである。

原告や札幌高裁が「割引率は３％」としたのは，現実の金利の動きを見てのことではなく，公正な逸失利益を算定するための控除割合は，論理の筋道からして名目金利ではなく実質金利によってなされるべきである，と考えたからである。「割引率は３％」という結論は，逸失利益の算定においては名目金利ではなく実質金利を用いるべしという論理に立ち，その上で実質利子率が５％であるという状況はかつて存在しなかったという事実認識を経由して得られたものなのである。

原告は，逸失利益の算定において名目金利を用いるか実質金利を用いるかは逸失利益そのものの本質に関わっており従ってこれらは二者択一的な関係にある，と主張しているのである。それにも拘わらず最高裁は助詞の「や」を用いることで名目金利と実質金利とを並立させてしまっている。これでは原告の「割引率を５％よりも引き下げるべきである」との主張を真に理解したことにはならない。最高裁は（一審の札幌地裁

や本件の被告側と同じように），将来所得の割引はなぜ実質金利に拠らなければならないのかという理由を明確に認識していない。認識しないまま3％の割引率を「理解できないではない」とし，その上で3％の割引率を「是認することはできない」と否定するのである。これではその間の論理に破綻が生じるのは必定だと言わなければならない。以下，この点をもう少し詳細に検討しておこう。

問題は3％の割引率を「理解できないではない」としながら結局のところそれを「是認することはできない」と結論づけた最高裁の論理である。このような結論を導き出すためにはどのような論理が必要なのだろうか。

必要なのは逸失利益の算定は実質利子率によるべきであるという原審の論理を先ず否定することだろう。なぜなら問題の本質は，割引率は名目金利か実質金利かの選択であって，割引率が3％か5％かという選択はその上での問題だからである。割引率が3％か5％かという量の選択は，それが名目金利についてのことなのか実質金利についてのことなのかという質の選択が行われてはじめて意味を持つ。従って最高裁にとって先ず必要なのは，逸失利益の算定は実質金利によるという命題の正否を問い，それを否定した上で名目金利を3％とするか5％とするかを問うことでなければならない。この章でも既に注意を喚起しておいたしました第5章でも述べたことだが，割引率として実質利子率を用いるか名目利子率を用いるかというのは，被害者に対してどのような所得を補償すべきか——事故時点での名目的な賃金水準でよいのか，実質賃金水準とすべきなのか，それとも経済成長分をも含む賃金水準なのか——という逸失利益（ひいては損害賠償）の本質に関わる問題である。だからこそ割引に用いられるのが実質金利なのか名目金利なのかを先ず明確にしなければならないのであって，それを行わずに割引率の数値だけを問うというのは，少なくともこの場合には無意味（nonsense）なのである。

ところが控訴審の判決を是認できない理由として最高裁は先ず「民法404条において民事法定利率が年5％と定められたのは，民法の制定に当たって参考とされたヨーロッパ諸国の一般的な貸付金利や法定利率，我が国の一般的な貸付金利を踏まえ，金銭は，通常の利用方法によれば年5％の利息を生ずべきものと考えられたからである」と言う。最高裁

は中間利息の控除率はなぜ実質金利ではなく名目金利なのかという「質」の問題に答えないまま，名目金利である法定利率の値という「量」の問題を先に論じてしまっている。

　最高裁はこれに続けて民事執行法，民事再生法，会社更生法などに見られるように「現行法は，将来の請求権を現在価額に換算するに際し……法定利率により中間利息を控除する考え方を採用している」のであるから，「損害賠償額の算定に当たり被害者の将来の逸失利益を現在価額に換算するについても……統一的処理が必要とされるのであるから，民法は，民事法定利率により中間利息を控除することを予定しているものと考えられる」（傍点は引用者）と言うのである。

　しかしこれでは説明の順序が逆だろう。先ず問題にしなければならないのは「被害者の将来の逸失利益を現在価額に換算」することと，会社更生法等が「将来の請求権を現在価額に換算する」こととを統一的に処理することが「必要とされる」か否かである。それが必要であることが論証されてはじめて法定利率が５％であるということがこの場合にも意味を持ってくるのである。この裁判で原告が主張し原審が認めたのは，実質利子率を用いて逸失利益を算定することと名目利子率を用いて債権の現在価値を求めることとは（最高裁の言葉を借りて言えば）統一的に処理されるべき性質のものではない，ということである。従って「実質金利の動向からすれば……中間利息の割合は民事法定利率である年５％より引き下げるべきであるとの主張も理解できないではない」（傍点引用者）と言う以上，最高裁は実質金利を用いるべしという原告の論理を先ず否定しなければならない。換言すれば「統一的処理」が必要であることを先ず論証しなければならない。そうしなければ，法定利率が５％であることの正当性を論証したとしても，論理の筋道からして，「逸失利益を現在価額に換算するために控除すべき中間利息の割合は法定利率によらなければならない」という結論に到達することはできないはずである。最高裁はこの訴訟の真の問題が何であるかを的確に捉えていない。

(3) 判決の含意

　最高裁はなぜこのような（私に言わせれば）的外れな議論をしたのだろうか。それは最高裁が逸失利益の算定というのは人間の生命の評価の

問題であって金銭の貸借の問題ではないという基本的ではあるが最も重要な事実を忘れ，それを金銭の貸借と同じものとしてしまっているからではないか。判決文に則して言えば，金銭の貸借において「将来の請求権を現在価値に換算する」ことと，逸失利益の算定において「被害者の将来の逸失利益を現在価値に換算する」こととは同値であるから，一方の割引率が5％であれば他方のそれもまた5％である，と考えているからではないか。実際，最高裁は「将来の請求権を現在価値に換算するに際し」民事執行法，破産法，民事再生法，会社更生法などが何れも「法定利率により中間利息を控除する」と規定しているのは「統一的処理が必要とされる」からであり，「損害賠償額の算定に当たり被害者の将来の逸失利益を現在価額に換算するについても……統一的処理が必要とされるのであるから」逸失利益の算定は5％の法定利率によるべきである，という論理を展開している。

　しかしこの論理は錯覚に基づいている。「将来の逸失利益」（本書の用語法では将来の所得）というのは，金銭の貸借における「将来の請求権」のような既定の値ではない[8]。被害者の将来所得は物価変動や経済成長にともなって変化するのであり，従って逸失利益の算定は将来の請求権の現在価値を求めることと「統一的に」処理されるべき性質のものではないのである。逸失利益の算定は所得推計の問題でもあるという点で，利息の計算だけが問題である金銭の貸借とは質を異にするのである。だからこそ札幌高裁は「算定の基礎収入を被害者の死亡時に固定した上で逸失利益を算定する場合には」（傍点は引用者）割引率として通常の名目利子率ではなく実質利子率を用いるべきだとしたのである。最高裁の責務は高裁のこの判断が正しいか否かを論理的に判断することのはずである。それにも拘わらず最高裁の判決は「統一的処理」を持ち出すだけで，逸失利益の算定はなぜ実質利子率に拠らなければならないのかという肝心の点についての判断を脱落させてしまっている。

　8）　一般には将来所得の現在価値を合計した額を「逸失利益」と言うのだが（例えば文献〔4〕），本件についての最高裁判決は将来の利益そのものを「逸失利益」と言っている。しかし本書では一般的な用語法に従い，各年の利益には「将来の利益」という語を充てている。

5．付加的な理由

　次いで「法的安定及び統一的処理」と「公平の確保」という考え方に触れておきたい。
　それぞれの被告が最高裁に提出した二つの「上告受理申立理由書」は，ともに3％を割引率とする高裁判決は「法的安定及び統一的処理の見地」に反し「事案間の不公平」をもたらす，としてそれを批判しており，最高裁はこの批判を認める形になっている。このような批判は5％という割引率を巡るこれまでの訴訟で既に広く用いられてきた論理であって決して目新しいものではないのだが，果たしてこれは論理として正しいのだろうか。
　先ず「法的安定と統一的処理」について言えば，いわゆる朝令暮改が望ましくないことは確かだし，裁判官ごとの判断に必要以上にぶれがあるのも好ましいことではないだろう。従前の枠組みに従って逸失利益を算定すれば，なるほど，法的安定は維持されるし案件が統一的に処理されることにもなる。しかしこれまでの枠組みの当否そのものが問題になっているときに法的安定や統一的処理を持ち出すのは無意味ではないか。それらは現状維持の同語反復にすぎないのであって，なぜ現状維持なのかの理由を説明していないからである。
　法的安定や統一的処理というのは，割引率として実質利子率を用いる必要がないということの根拠になり得ないのはもちろんのこと，割引率の値が5％でなければならないということを直接に論証するものでもない。それらは5％という割引率の正当性を「これまで5％であった」とか「他の案件でも5％である」とかという既存の事実に求めているにすぎない。しかしいま問われているのはこれまで用いられてきたこの5％が公正なものなのかどうか，論理的な矛盾を含まないものなのかどうか，ということである。問題はこれまでの算定方法そのものの当否であって，これの検討を抜きにして法的安定や統一的処理を持ち出すのは「悪しき保守主義」にすぎない。もし従来の枠組みが不公正な結果をもたらしたり論理上の欠陥を持っていたりするのであれば，たとい継続性が崩れた

5. 付加的な理由

り裁判官によっての判断が一時的に異なることになろうとも，公正で論理的な新しい枠組みを作り出さなければならない。「従前の実務慣行が相当でないことが明らかにされた以上，今後もこれを続けることは正義に反するのであって，裁判所としては新たな実務慣行を確立すべく努力する責務がある」という小樽支判の文章はまさに至言である。

なお，最高裁判決は「法的安定と統一的処理」と並んで「損害額の予測可能性による紛争の予防」を法定利率採用の根拠として挙げている。割引率を法定利率の5％としそれ以外の値を裁判所は認めないと宣言した以上，訴訟の数は減少するだろうし，それは多くの懸案を抱えている裁判所にとっては望ましいことでもあるだろう。しかし被害者にとって，更に言えばわれわれの社会にとって，果たしてそれは望ましいことなのだろうか。現実の経済状況に関係なく5％の割引率を適用しそれ以外の値は認められないということになれば表面に現れる訴訟の数は減るだろう。しかしそれは被害者の不満が社会の底部に沈潜したからにすぎないのであって，問題が真に解決したからではない。訴訟の数を減少させるために必要なのは，最高裁が理に適った算定方法を採用し，それを確立することであって，5％の割引率を機械的に適用することではない。肝要なのは損害額の「正当性」であってその「予測可能性」ではない。「紛争の予防」を割引率5％の根拠と考えるのは裁判所のエゴにすぎない。

次に「被害者相互間の公平の確保」について考える。

最高裁判決は「民事法定利率により中間利息を控除すること」の理由の一つとして，それは事案ごと，裁判官ごとの判断が分かれることを防ぐから「被害者相互間の公平の確保」をもたらすということを挙げている。被害者相互間に不公平が生じるのは確かに望ましいことではない。しかし，すべての被害者に5％の割引率を機械的に適用すればそれで被害者相互間の公平が確保されるのだろうか。更に遡って言えば，被害者相互間の公平を確保する逸失利益というのはどのようなものを指すのだろうか。

逸失利益というのはいわば将来の所得の前払いだから，それが公平なものであるためには，被害者がその金額を適当な率で運用しながらそこから毎期の所得を控除して行くと，本人が就業期限（一般には67歳）に

第8章 最高裁判決（平17.6.14.）について

表8.1 被害者間の公平

| 標準 ||| 甲 ||| 乙 |||
年数	金利	残高	年(昭和)	金利	残高	年(平成)	金利	残高
0		7.722			7.722			7.722
1	5.0	7.108	53	4.50	7.069	7	0.54	6.763
2	5.0	6.463	54	6.00	6.493	8	0.33	5.786
3	5.0	5.786	55	7.00	5.948	9	0.32	4.804
4	5.0	5.076	56	6.25	5.320	10	0.27	3.817
5	5.0	4.329	57	5.75	4.626	11	0.16	2.823
6	5.0	3.546	58	5.75	3.891	12	0.16	1.828
7	5.0	2.723	59	5.50	3.106	13	0.04	0.829
8	5.0	1.859	60	5.50	2.276	14	0.03	-0.171
9	5.0	0.952	61	3.76	1.362	15	0.03	-1.171
10	5.0	0.000	62	3.39	0.408	16	0.03	-2.172

達したとき，残額がちょうどゼロにならなければならない。これは既に何度も述べたことである。逸失利益が被害者間に公平をもたらすかどうかは，このような性質がそれぞれの被害者に保証されているか否かによって判断されなければならない性質の問題であって，将来所得を同じ5％で割り引けばそれで公平さが保証されるというような機械的・形式的な問題ではない。

　このことは，例えば高度成長期に被害に遭った人と低成長の時代に被害者となった人とを対比し，5％という共通の割引率が両者にどのような結果をもたらすかを比較すれば直ちに明らかになる。

　いま，事故によって失われた就業可能期間がともに10年の甲，乙二人の被害者を想定し，甲は未だ成長期にあった昭和53年に事故に遭い，乙は低金利時代に入った平成7年に事故に遭遇したとし，通例に従ってその所得を毎期一定とする。これら二人の被害者は共に5％の割引率によって算定された逸失利益を受け取り，それを定期預金（期間1年）で運用しながら，そこから毎期一定の所得を差し引いて行くと，それぞれの逸失利益は何年で底をつくことになるだろうか。

　言うまでもないことだが，甲と乙の双方がその逸失利益をともに毎期5％で運用できれば，事故からちょうど10年後に双方の残金は何れも

5. 付加的な理由

ゼロになり，被害者間の公平は確保される。ところが実際の定期預金金利を用いて計算すると，甲の場合には，事故の後，高金利が続いていたので10年後に逸失利益はまだ残っており（残額は基礎収入の41%），乙の場合には，預金金利が極めて低いから，逸失利益は7年余りしか持たない。この結果は明らかに不公平である（表8.1を参照）。最高裁は5%という表面上の数値だけにこだわり，経済の実態を見ようとしていない。

しかし「公平」について言えば，より重要なのは「被害者相互間」のそれではなく，「被害者と加害者との間の公平」だろう。民事裁判というのはもともと被害者と加害者との争いだから，判決はこれら両者の間に不当な利害得失をもたらさないことが先ず要求されるはずである。しかしバブル崩壊後のような低金利の状態では，受け取った資金を5%で運用するのはおよそ不可能だから，5%の割引率で求められた逸失利益が被害者に不当な損失をもたらし，その分，加害者が不当な利益を得ることになる。

このことは次のような例を考えると，より説得的になるかもしれない。

話を簡単にするために，被害者の年間損害額は毎期100万円で，それが事故後20年に亙って生じるとする。割引率を5%とする現在の方法では，（割引率5%，期間20年のライプニッツ係数は12.4622だから）この損害に対して加害者は1,246.2（万）円を逸失利益として被害者に支払わなければならない。そこで加害者はこの金額を金融業者から5%の利率で借り，これを被害者への支払いに充てたとする。加害者がこの借入金を20年間に亙って元利均等方式で返済して行くとすれば（これは，逸失利益の計算を支払う側から見ればよいわけだから）毎年100万円ずつ払わなければならない。そうすればちょうど20年で完済することができる。これは加害者が被害者に対し，その年間損失額の100万円を20年に亙って毎年，補償するということと同じだから，この場合には両者間の公平は保たれる（ただし金融業者を完全な仲介機関だとしての話である）。

これに対し，低金利の状況を想定し，加害者が1,246.2（万）円の資金を金融業者から3%の利率で借りることができたとしよう。この借入金を20年間に亙って元利均等方式で返済するとすれば，その額は年当たり83.8（万）円で済む。低金利の結果，加害者は毎年16.2（万）円

の不当な利益を得ることになる。正確さを犠牲にして言えば，加害者は低金利によって合計324.8（万）円の利益を手にすることができるのである。このような結果を「公平」だと言うことはできない。

この例は何を意味するか。逸失利益が当事者間の公平をもたらすか否かは，その算定に用いられた割引率が現実の金利の値を反映しているか否かに懸かっているのである。しかし5％という法定利率を現実の利率と対比させるという視点は最高裁の判決からは完全に欠落してしまっている。これでは「公平」について論じたことにはならない。

以上，逸失利益を算定するための割引率に関する最高裁の判決を検討してきた。割引率を5％とするという最高裁判決の結論そのものの当否は措くとしても，そこに到達するまでの最高裁の論理には不備がある。最高裁は大量に発生する交通事故の「統一的処理」や「法的安定」に拘泥するあまり，逸失利益の算定が人命にかかわる問題であって金銭の貸借における利息の計算ではない，という本質的な事実を忘れてしまっているのではないか。その結果，議論は金銭の貸借に関するそれと全くアナロガスな形で進められている。逸失利益の算定というのは被害者の将来の所得を推計することから始まるということの本質が最高裁判決の論理から抜け落ちてしまっている。最高裁は，逸失利益の算定というのは利子の計算ではなく人間の生命をいかに扱うかという問題であるということの本質を的確に捉えたうえで，もっと筋道の通った議論をするべきであった。そうすれば札幌高裁が将来の所得をなぜ実質金利で割り引かなければならないと判断したかに気付いた筈だし，それに気付けば結論もまた異なったものになった筈である。

かつて年少の被害者については，現に収入がないからという理由で逸失利益は認められていなかった。これに対し最高裁は「裁判所は被害者側が提出するあらゆる証拠資料に基づき経験則とその良識を十分に活用してできるかぎり蓋然性のある額を算出するように努め」ることが必要だとして，未就業者の逸失利益を認めたという経緯がある（最判昭39.6.24. 判時376.）。これは裁判所が逸失利益が何であり，なぜそれを求めなければならないかを的確に理解していたからこそもたらされた結論である。本章で採り上げた件についても，逸失利益の算定が何のため

に必要とされるのかを先ずもって問うという精神が尊重されて然るべきであったと思われてならない。

引用文献

〔1〕浜田宏一「インフレ算入論の経済的根拠」,『ジュリスト』764.（1982.4.15.）
〔2〕二木雄策「逸失利益は正しく計算されているか――最高裁平成 17 年 6 月 14 日判決の論理を問う」,『ジュリスト』1308.（2006.3.15.）
〔3〕中野貞一郎『解説　新民事訴訟法』, 有斐閣, 1997.
〔4〕日弁連『青本』(「はじめに」の〔引用文献〕を参照.)

第 9 章

最高裁判決の余波
──残された途──

---

1. 最高裁判決の《解説》

　この章では，逸失利益算定のための中間利息控除割合は法定利率の5％でなければならない，とした前述の最高裁判決（平17.6.14. 以下，5％最高裁判決）をめぐるその後の動きに触れておく。

　これは断るまでもないことだが，ある事件を裁判所がどのように捉え，それをどのような根拠でどのように処理したか，を知るための材料は判決が全てであり，それ以外には存在しない。このことからすれば，割引率を5％とする最高裁の判断については，既に判決を基にして論を進めて来たのだから，これ以上の議論を重ねるのは無駄だということになる。

　しかし未練がましい話であるのは重々承知の上でのことだが，最高裁が札幌高裁の原審判決をどのように捉えているのかを直接に示すような材料がどこかにないだろうか，という願望を私はずっと捨てきれずに来た。「中間利息の控除割合は実質金利とすべきである」（傍点は引用者）という札幌高裁の判断を拒む理由を最高裁判決は示してはいないと思うからだ。言うまでもなく最高裁は司法の最高機関である。その最高機関が，自己の判決文の論理が原審判決を否定するに十分なものである，と本当に考えているのだろうか。これは私の独り善がりの疑問なのかもしれない。それを確かめるためにも，この最高裁判決に対する斯界の反応を私なりに整理しておこうというのがこの章の狙いである。

　この点に関して第一に目に付いたのは当該最高裁判決が掲載されてい

る雑誌の「解説」である。これは法律関係者の間では周知のことなのだが，新しく生まれてくる数多くの判決の中から注目すべきものを紹介している雑誌がわが国にはいくつかある。これらの雑誌では「解説」とでも呼ぶべき文章が判決文の前書きのような恰好で掲載されていることが多いのだが，ここで採り上げている５％最高裁判決も，判決が出てから半年くらいの間に少なくとも三つの雑誌に掲載され，それぞれに「解説」が付けられている[1]。

これらの「解説」がすべて無記名であることからすれば，それらはそれぞれの雑誌の編集部の責任で書かれたものだと解するのが常識的な受け取り方だろう。しかし実際はそうではない。これは私にはとても信じ難いことなのだが，三つの雑誌の「解説」は片言隻句どころか句読点一つに至るまで全く同じなのである[2]。このことからすると各誌の「解説」は何らかの形でこの判決に関係した同一の人物によって書かれたのではないかと推測されるのであって，それならばこの「解説」の内容は最高裁の考え方をある程度は正確に反映しているはずだと思われるのである。これは些か強引な話なのかもしれない。しかしそれを承知の上で，以下では三つの雑誌に掲載されている共通の「解説」（以下《解説》）に先ず触れておきたい[*]。

この《解説》は，近年「中間利息の控除割合を年５％未満とする裁判例が散見されるようになった」こと，それらの多くが「最近の低金利の状況に鑑み，年５％の割合による運用利益を上げることが困難である」という事実を根拠にしていること，を指摘した上で，しかし札幌高裁の

---

1) 『判時』1901，『判タ』1185，『金融・商事判例』1225。ここでの「解説」の標題は『判タ』では「解説」だが『金商』では「Comment」であり，『判時』ではこれらに相当する標題はついていない。

2) これは書く方について言えば多重投稿であり，掲載する方について言えば一種の馴れ合いであり責任放棄である。何れも物書きのモラルに欠けることだが，それが他ならぬ法の世界で通用しているというのは外から見れば「信じ難い」ことである。

*) 原稿を書き上げた後で，『法曹時報』や『最高裁判所判例解説』を調べていて分かったことだが，この《解説》は最高裁判所調査官の手になるもののようである。しかしだからといって本文を書き改めることはしなかった。《解説》が「最高裁の考え方をある程度は正確に反映しているはずだ」とする本文の見解は的外れではなかったからである。なお，各誌がなぜ最初から《解説》の筆者を明記しないのか，また調査官のいない地裁や高裁の判決に付されている《解説》は誰が書いているのか，という疑問は依然として残っている。

原判決は「この考え方に立つものではなく基礎収入を被害者の死亡時点でのそれに固定……する場合には，中間利息の控除割合は裁判時の実質金利とすべきである（から）……中間利息の控除割合を年5％ではなく，年3％とすべきであったとするもののようである」（傍点，括弧は引用者）としている。この叙述は重要である。《解説》は，「もののようである」という些か曖昧な表現によってではあるが，札幌高裁が5％未満の割引率を認めたのは昨今の低金利という事実に拠ってではなく，実質金利というこれまでとは異なった指標を割引率として採用したからであり，そうしたのは基礎収入を固定したからである，という原審判決のポイントをきちんと認識していることを示しているからである[3]。

　そこで問題は実質金利の採用という原審の主張を最高裁はなぜ拒んだか，である。この点について《解説》は二つの理由を挙げている。第一は「実質金利を将来にわたって的確に認定することができるか」疑問だという予測の困難さであり，第二は名目金利から経済成長率を差し引いた実質金利の値は，差し引く方の所得成長率が高ければその分だけ低くなるのだから「中間利息の控除割合を年5％から引き下げるのであれば（所得成長率や物価騰貴率が高かった—引用者—）かつての高度成長（インフレ）の時代にそうすべきであったのであり，低成長（デフレ）傾向にある現時点で引き下げを行うのは合理性がない」からだというものである。

　これらの理由に対して疑問を呈することはさほど困難ではないだろう。早い話が，「将来にわたって的確に認定すること」が難しいのは実質金利に限らず名目金利もそうだからであり，また高度成長の時代では金利から差し引く方の成長率や物価騰貴率はデフレ期のそれよりも高いのは確かだが，差し引かれる方の名目利子率もまた高い（デフレ期ではともに低い）からである。しかしここでの問題の核心はそういうところにあ

　3）　もっとも《解説》の「第1　事案の概要」では「原判決は……中間利息の控除割合は……裁判時の実質金利とすべきであり……（過去47年間におけるそれの値からすれば—引用者—）中間利息の控除割合を年3％とすることが……十分に控え目なものというべきであるとした」と断定的に書かれている。それにも拘わらず，なぜ「第3　説明」では「するもののようである」という曖昧な表現に変わったのだろうか。最高裁の判決が実質金利の意義を明確にしていないことに《解説》の筆者が途中で気付いたからだと解釈するのは下司の勘繰りだろうか。

るのではない。

　札幌高裁の判断の核心は，公平の立場からすれば「基礎収入を被害者の死亡時点でのそれに固定」した場合には物価や賃金の上昇が基礎収入に反映されない分，被害者は不利になるのだから，それをカバーするために割引率を実質利子率としなければならないという点にある。ここでの問題は割引率の「質」，更に言えば被害者にどのような所得を補償すべきかという逸失利益そのものの「質」である。札幌高裁が目指しているのは逸失利益の公平な算定であって「中間利息の控除割合を年5％から引き下げる」ことではない。それにも拘わらず《解説》が示している二つの理由はどちらも割引率の「量」に関したことにすぎない。《解説》は割引率がなぜ実質金利ではなく法定利率なのかという理由を示そうとしたことで，逆に問題の本質がどこにあるかを正確に認識できていないという馬脚を露わにしてしまっているように思われる。

2. 最高裁判決の論評

(1) 幾つかの論評

　前節では5％最高裁判決についていわばその内部で書かれた（と推察される）《解説》を採り上げたのだが，この節では学界をも含む外部からの論評について考える。

　これは当然のことだろうが，この5％最高裁判決の結論に対しては賛否両論がある。しかしその賛否に拘わらず，これらの論評には共通した二つの特徴が認められる。その一つはこの訴訟の核心である「実質利子率の役割」についての理解が賛否何れの立場の論評においても必ずしも十分ではない，ということである。既に何度も述べてきたことだが，この裁判の原審判決の要点は割引率を実質利子率にすべきだとした点にある。しかし当該最高裁判決についての殆ど総ての論評は原審判決のこの要点をきちんと理解していない。なるほど「実質利子率」という言葉はこれらの論評でも頻繁に用いられてはいるのだが，それは本来のものとは異なった意味においてであることが多い。実質利率を法定利率に対置させたり，それを定期預金金利に代表される現実の運用利率だと解した

りするような説がその典型なのだが，それほどではないにしても，逸失利益の算出においてなぜ（名目金利ではなく）実質金利が用いられなければならないのかという理由を的確に理解した上で議論を展開している例は極めて少ない。

　もっとも既に述べたように，最高裁の判決自体が「なぜ実質利子率なのか」という札幌高裁の真意をきちんと理解していないのだから，その判決に対する論評が的外れな結果に終ってしまうのは無理からぬことなのかもしれない。しかし議論がこのようなレベルに止まる限り，5％未満の割引率を採用すべしとする主張は昨今の異常な低金利に因ってのことだとする程度の理解を超えることはできず，その結果，割引率を5％とすべきだとする原告の主張は低金利という状況においてのみ妥当する限定的な理論にすぎないということになってしまう。

　もちろん5％最高裁判決に対する反応の総てがそうだという訳ではない。この訴訟の原告代理人である（二人の）弁護士が「問題の本質は預金が5％で増える社会を擬制するのであれば，物価や平均賃金も相応に上昇すると擬制しなければ公平ではない」〔11〕と言っているのは当然だとはいえ銘記すべきことなのだが，これ以外で問題の核心を衝いている論攷を挙げるとすれば尾島茂樹氏〔3〕と新美育文氏〔12〕のそれが代表だろう。尾島氏は当該最高裁判決に対する「解説」の中で「中間利息控除を5％で行うことの問題は，超低金利時代の特有の問題ではないことがまず理解されなければならない」（傍点は引用者）と指摘する。何故なら「GNPの成長率と金利の関係には，正の相関関係がある」のだから，5％という高い金利での資金運用が可能であってもその運用益からはインフレ分だけの減価が生ずるはずだからであると言う。このことからすれば逸失利益の算定では物価騰貴率を斟酌しなければならず，「中間利息は，本来であれば，実質金利で控除するのが正しい」ということになる。

　これに対し新美氏は，尾島氏とはやや異なった観点から「本件での問題の核心は……基礎収入の認定においては将来の物価変動が考慮されないのに対して，中間利息控除においては……（名目金利が用いられているのだから—引用者—）……物価変動が考慮されている」という不一致にあるとしている。このような視点に立って「合理的な説明」をしようと

すれば，名目金利から物価変動分を差し引いて——言い換えれば実質金利を用いて——両者間の不一致を除去すればよい，ということになる[4]。

これらはまさに正鵠を射た指摘だと言ってよいのだが，当該最高裁判決に対する論評としては特異な存在であることは否定できない。

第二の共通点は，最高裁判決を支持するにしろしないにしろ，多くの論攷が，現況では5％の率で将来所得を割り引くのは不公平だ，と認識しているということである。この裁判の原告代理人は，最高裁の判決では「被害者が不利益を蒙るという問題点は何ら解決されていない」〔11〕と断じているのだが，弁護士一般の立場からしても，最高裁判決に従って「5％，複利で計算して中間利息が引かれるのですという説明は，到底（被害者に—引用者—）納得してもらえないというのは常識的であろうかと思います」〔7〕ということになる。またある裁判官は「年5％のライプニッツ方式で中間利息を控除するというのは，控除しすぎているのではなかろうか」〔2〕という疑問を呈してもいるのである。更に最高裁判決の「結論に賛成する」立場を採る論者でさえ「しかしながら被害者が一時金として受領した金銭を今後年5％の複利で運用し続けていくことが現実にはどの程度可能かということを考えた場合，本判決の結論が万人を説得し得るものではないことは否定し難い」〔16〕と断ったり，多くの論評が民法404条の改正など，何らかの形で現状を改める必要性に言及しているのも事実である。

このような動向を見ていると，最高裁判決が「被害者の将来の逸失利益を現在価額に換算するために控除すべき中間利息の割合は民事法定利率である年5％より引き下げるべきであるとの主張も理解できないではない」と言うとき，最高裁が理解できないではないとしているのは（私がこれまで理解してきたように）割引率を5％より引き下げるべきだとする原告や原審の論理ではなく，5％の割引率が被害者にとって過酷な状況をもたらしているという事実を指してのことではないか，とさえ思われる[5]。もしそうならば，最高裁は「法」を盾にして割引率を5％にす

---

4) 逆に，基礎収入に物価変動分を加味してもよい。新美氏は最高裁が法定利率を採用するとしたことを基に，この方法を考えておられるが，両者が同じことなのは第5章で説明した通りである。

5) 実際，最高裁は「年5％による控除が大きすぎることに一定の理解を示している」

ることで，当事者に不公平な結果を強制していることになり，「理解できないではない」という判決の文言は事実上，最高裁のリップサービスに過ぎないことになってしまう。しかし最高裁に求められるのは公平な結果をもたらすような算定方法を選ぶ論理であってリップサービスではない。

(2) 補　遺

ここで採り上げている5％最高裁判決についての論評には今一つ注目すべきものがある。川井健氏の論攷〔4〕,〔5〕である。これは民法404条が任意規定であることに注目し，任意規定は慣習による修正が可能（民法92条）であり，低利率の採用はこの慣習に該当するから，そのような判例を形成して民法404条を修正することが必要だということを骨子とするものである。このような主張の背後にあるのは民法404条の強行規定的適用が被害者に不利をもたらしているという現状に対する疑念であり，今一つは如何なる利率を採用するにしろそれに対する法的根拠が必要だとする法律尊重の精神である（川井氏はこの立場から「民法404条適用否定説は……法的根拠を示していない」と批判する。）

この川井氏の説は傾聴に値すると思われるが，それを正面から論評するだけの力は私にはない。ただ慣習を基にして民法404条を改正するとして，そのために「慣習」として必要な判例が現実の低金利に基づくものなのか，それとも実質金利の採用に基づくものなのか，という「質」の区別は重要なポイントになるはずだと思われる。

3. 新しい動き

(1) ホフマン方式への回帰

最高裁判決による算定結果は公平なものとは言い難いのではないかという疑問は，被害者だけではなく，法曹関係者の間にも広く見られるのだが，このような立場からすれば，より公平な逸失利益を算定するには

と受け取る人もある〔2〕。

どうすればよいか，が解決すべき当面の課題だということになる。事実，当該最高裁判決に関する論評の中には，割引率の問題は「法体系全体とのバランスを考えた上で議論することが必要」〔16〕だとしたり，「法定利率の法改正や中間利息控除割合に関する規定の新設により対応する」〔15〕のが採るべき方途であるとするなど，修正の方向を示しているものはいくつかある。しかしこれらの提案は具体性を欠くだけではなく当面の解決法にはならない。現段階で見られる唯一の具体的方策は，今のところ，5％の割引率を甘受した上で（ライプニッツではなく）ホフマン方式で逸失利益を算定するというものだろう。

例えば大島眞一氏は「民法は単利を原則として」いるとした上で，「年5％を前提にライプニッツ方式で中間利息を控除するのは控除のしすぎであり，被害者が被った不利益を補てんして不法行為がなかったときの状態に回復させることを目的とする損害賠償制度に合致しているとはいい難く，（民法の原則である単利に基づく—引用者—）ホフマン方式を採用するのが相当ではなかろうか」と主張する〔2〕。

このような見解に実務上で先鞭をつけたのは福岡高判（平17.8.9. 判タ1209.）である[6]。この訴訟は交通事故で左下腿部を切断した20歳代の被害者が損害賠償を求めた事案だが，被害者は「通常の運用として採用されるべき定期預金利率と賃金変動率から得られる実質運用利回りが，過去50年間1.5％を超えないことは歴史的事実であるから，控え目にみて年2％を超えない利率での中間利息控除がなされるべきである」（傍点は引用者）と主張した。この主張は既に言及した札幌高裁の判決（平16.7.16.）などに則ったものだと思われるが，福岡高裁はこれに対し5％最高裁判決を基に「控除すべき中間利息の割合については，民法が予定するところである民事法定利率によるのが相当である」としてこの主張を退ける[7]。その上で，中間利息の控除方式については，民法

---

6) もっとも，通常の算定方法が被害者に不利であるからこれをホフマン法を用いることで修正しようという判決は，インフレに関してではあるが，30年ほど前にも存在した。静岡地裁浜松支判（昭52.8.8. 交民10-4.）がその例である。この判決で裁判所は「引き続き物価が上昇しインフレが進んでいく情勢のもとでは，（中間利息の控除はライプニッツ式によるべきであるという—引用者—）加害者の主張は衡平の見地からみて相当ではない」としている（第3章註8）を参照）。ただし，この判決は「民法は単利が原則」ということをホフマン方式採用の根拠としているわけではない。

405条は「利息については単利計算を原則とする旨を定めていると解するのが相当である」から「民法がその404条に定める年5％の法定利率を採用する以上，その法定利率による控除方式としては……民法が定める原則である単利に相当する方式，すなわちホフマン方式を採用するのが，民法の定めるところにより合致しているものと解される」としている[8]。

　この流れを更に徹底させたのが札幌高判（平20.4.18.）である。この裁判は高速道路に跳び出したキツネが原因で発生した交通事故について，被害者が高速道路の管理者である日本道路公団（現，東日本高速道路株式会社）に損害賠償を請求したものだが，判決は同公団の責任を認めた上で，「民事執行法等における中間利息の控除に当たっては……民法が前提とする単利計算（民法405条）を用いたホフマン方式により行われているのであるから，法的安定及び統一的処理の見地からすれば，損害賠償の算定に当たり，被害者の将来の逸失利益を換算するための方式は，ホフマン方式によらなければならない」としている[9]。このような形式的な理由に加え，この判決は更に続けて「実質的に考えても，本件のように逸失利益算定の基礎収入を被害者の死亡時に固定した上で将来分の逸失利益の現在価値を算定する場合には，本来……実質金利に従って計算するのが相当であるところ，本件事故時における実質金利が法定利率である年5％を大幅に下回っていたことは公知の事実」（傍点は引用者）であるとして，前掲の札幌高裁判決（平16.7.16.及び8.20.）を暗に支持した上で，「それにもかかわらず……（最高裁判決に従い―引用者―）民事法定利率を用いるべきであると解する以上……損害賠償制度の趣旨からして，被害者の受け取るべき金額との乖離がより少ないと考えられるホフマン方式を用いるのが相当である」としている。要するにこの判

　7）　福岡高裁は，原告が中間利息の控除を実質利率で行うよう主張した理由については何ら言及することなく，法定利率の適用が相当であるとしている。この訴訟でも議論は噛み合っていない。

　8）　なお福岡高裁は法的な根拠に加え，被害者の基礎収入を『賃金センサス』ではなく，それよりも低い「事故前の実収入」としたという「謙抑的」な判断を補正するためにホフマン法を用いるとしている。

　9）　第7章及び第8章でのそれとは全く異なった論点についてではあるが，ここでも「法的安定及び統一的処理」という文言が使われている。

決は割引率を 5 ％とする最高裁判決が不公平な結果を被害者に強制するものであることを認め，その不公平をホフマン方式の採用で是正しようというものであって，その旗幟は極めて鮮明であると言ってよい。

　もっとも，現段階ではホフマン方式を用いるというこのような見解はいわば「点」にすぎないのであって，それが「線」を形成しているわけではない[10]。その端的な例が 5 ％最高裁判決に基づく差し戻し控訴審である。この控訴審で被害者は「5 ％という利率自体は動かせないというのであれば，ホフマン式を採用しなければ，被害者に酷に過ぎる結果となり，妥当性に欠ける」とし，5 ％のいわば穴埋めにホフマン方式を採用することを主張したのだが，札幌高判（平 18.3.23.）はそれを認めていない。その理由としてこの判決は「全年齢の平均賃金を基礎収入とし，ホフマン方式による中間利息控除を行う方式は……他の三つの方式と比べて，突出した高い額が算定されること」となり「控え目な算定方式」（最判平 2.3.23. 民集 159.）とは言えず，またいわゆる三地裁の『共同提言』〔 1 〕以降の流れに照らすと「同種事案についての法的安定及び統一的処理を図るという見地から，本件においては，ホフマン式を採ることは相当ではない」としている[11]。

　しかし逸失利益の算定方式をどうするかというのは，幾つかの可能な方法から算出される金額を比較して中位にある値のものを選択するというような性質の問題でないことは既に第 2 章で指摘した通りだし，「法的安定及び統一的処理」という文言が 5 ％の割引率に関してだけではなく，ホフマン方式の採否について，それも全く逆の結論を導き出すために用いられているのを見ると，それは論理に行き詰まったときの都合のいい逃げ口上にしかすぎないと思われもするのだが，ともあれ出発点となった元々の案件が詰まるところは従来の方法を継承するという形で決

---

　　10)　ライプニッツ方式が支配的であることは，例えば最近の『交通事故民事裁判例集』を見れば明らかである。今やホフマン方式を用いた例を見い出すことは不可能に近いと言ってよい。

　　11)　被害者が児童・学生など，未就業者の場合，基礎収入は初任給，全年齢平均の何れかが用いられ，それらの現在価値への換算はホフマンとライプニッツの何れかの方法によって算定される。逸失利益の可能な算定方法はこれらの組み合わせだから，4 通りのものが考えられる。ここで「他の三つの方式」と言われているのは，これらから全年齢平均とホフマンとの組み合わせを除いた残りである。この点については第 2 章 3 節（ 1 ）を参照。

3. 新しい動き

着したことは無視できない点だろう。

またこれ以外にも，被害者が中間利息の控除方式について「被害者保護の見地等から新ホフマン方式によるべきである」と主張したのに対し，「近時の金利動向からすると，年5％の……ライプニッツ方式を採用することは被害者に酷に過ぎるとも考えられる」としながらも，資金運用は「複利計算による……のが一般的であり」また「民法404条，405条等の各規定から，中間利息の控除方式について，当然に新ホフマン方式によることを予定していると解することもできない」として，被告の主張を認容せず，ライプニッツ方式で逸失利益を算定した例（大阪地判平19.3.28. 交民40-2.）もある[12]。

(2) 「単利が原則」か

ところで，逸失利益の算定で将来所得を現価に換算する方式には，金利計算の単利と複利とに対応してホフマンとライプニッツという二つの方式のあること，実務では長い間これら双方が用いられ最高裁はそれらをともに「不合理ではない」として是認してきたこと，しかしながら現実の資金運用方法との対応からだけではなく逸失利益の考え方そのものからしてもライプニッツ方式の方が理に適っていること，三地裁の『共同提言』〔1〕がライプニッツ方式の採用を提言してからは実務でホフマン方式が用いられることは全くと言ってよいほどなくなってしまったこと，などについては既に第2章で述べた通りである。

このような流れにも拘わらず，ここで再びホフマン方式を採用しようというのであれば，従来の論理にはない新しい根拠がなければならないだろう。「民法が定める利子計算方式は単利が原則である」という法的な裏付けがそれである。

確かに「民法は単利が原則」というのは法の世界では当然のこととして受け容れられているようである。例えばある民法の教科書には，利息は「単利が原則である」〔10〕とはっきりと書かれているし，別の本には利息の算定について「民法は……単利によるものとし，例外的に……

---

12) これら以外に，原告がホフマン方式の採用を主張したが裁判所がそれを認めなかった判決として，名古屋地判平19.7.31. 交民40-4，東京地裁八王子支判平19.9.19. 交民40-5. がある。

利息の元本への組入れを認めている」〔13〕（傍点引用者）と書かれている。またある座談会では「民法の予定しているのはどう考えても単利計算方式ではないかと考えざるを得ないのです」〔9〕という弁護士の発言もある。これらからすれば，民法では単利が原則だから逸失利益の算定においては（単利に基づく）ホフマン方式を用いるのが法の視点からすれば当然ではないか，ということになる[13]。

　しかしそれならば今まで何故ライプニッツ方式が用いられてきたのだろうかという素朴な疑問が生ずるし，既に指摘したように，民法は逸失利益の算定はホフマン方式によることを予定しているのではない，とする逆の判決（大阪地判平 19.3.28. 交民 40-2.）のあるのも事実である。また「中間利息の控除に関しては，民法に何等の規定が無い」のであって，ホフマン方式を用いるのは「ライプニッツ式算定法は，計算が煩雑なるのみならず，取得金額を複利によって利殖することは，単利によって利用することより可能性少なきをもって」〔6〕のことに過ぎないという見解や，ホフマン法は「実務上，短期間（1年以内）の現価計算にだけ使用すべきもの」であって，逸失利益のように「長期の現価計算には絶対に使用すべきものではない」〔8〕とする見解が古くから見られるのも事実である。

　このような対立ないしは混乱がある以上，まず検討すべきは，逸失利益の算定はホフマン方式によるべきであるとする判断を，民法の規定から導き出すことができるか否かである。「民法の規定は単利が原則」と言うとき，その原則とは一体どのようなことを指しているのだろうか。そこから逸失利益の算定ではライプニッツではなくホフマン方式を用いるのが正当であるとする結論を引き出すことができるのだろうか。

　このことを考えるために甲が 100 万円の資金を年利 10％で乙に貸与したが，返済期限や利子の支払いについては甲乙間で何の取り決めも行われていなかった，というケースを考える。（ここで参考になるのが第6章で採り上げた大審院判決（大 6.3.5. 民録 23.）である。以下の引用はこの判決に拠っている。）

　13）既に第6章で述べたように，いわゆる遅延損害金は，たとい逸失利益がライプニッツ法で計算されていようとも，単利で求められるというのが法の世界の常識である。これは「単利が原則」の発露の一つであると言えよう。

先ず注意しなければならないのは，利子は貸借が行われた瞬間から発生するのだが，利子がゼロからの出発である以上，その算定は（最初の段階では利子を生むべき利子が存在しないのだから）単利から出発せざるをえないという点である。従って利子の額は例えば半年後には5万円，1年後には10万円になるのだが，当事者に格別な行動がない限り，それらは借手（乙）の手許にあり，本来の所有者である貸手（甲）には支払われない。そこでは利子の延滞——遅滞ではない——が生じており，その間，甲は本来は自分のものである利子を使用できず，その分（潜在的な）損失を蒙ることになる[14]。逆に乙は本来は甲の所有物である利子を何等の代償を払うことなく運用する機会を手にするのだから不当な利益を得ることになる。これは明らかに不公平である。

　もしも利子に関する取り決めがないからといって利子の延滞をそのままにしておくと，利息は単利で計算されることにはなるのだが，その間「債権者ハ利息ヲ使用スルコトヲ得サル為メ尠ナカラサル損害ヲ受クル」ことになる。そこで甲は乙に対して利子の支払いを請求するだろう。乙がこれに応じればその時点で利子の延滞は消滅するが，乙が請求に応じなければ単利のもたらす不公平の度合いは時間の経過にともない比例的に拡大して行くことになる。このような事態を避けるために民法405条は，両者間での合意がなくとも，債権者が請求するだけで延滞した利子を元本に組み入れる——言い換えれば延滞した利子を債務者に更に貸し付ける——ことができるとしたのである。言うまでもなくこれが複利である。民法405条の規定は「利息ノ延滞ニ対シ債権者ヲ救済スル為メ特ニ設ケラレタモノ」（傍点は引用者）に他ならないのである。

　しかし他方，利子の元本への組み入れは借手にとっては債務の増加だから，乙に追加的な負担を強いることになる。従ってその組み入れが何らの制約なしに行われうると逆の不公平が生じかねない。もし利息の延滞が生じたとき，それを元金に組み入れることにより「其利息ニ対シ更ニ利息ニ相当スル額ノ支払ヲ受クルヲ得ルコト」を無制限に認めると，

　14）民法では「延滞」と「遅滞」とは区別されていると解すべきだろう。利子は資金の貸借が行われた時点から発生するのだから，その支払いの滞りは現実の貸借関係では必然的に生じることになる。これが延滞である。遅滞は契約や催告による「所定の期限を過ぎても債務が完了しない」（広辞苑，傍点は引用者）ときに初めて生じるのである。

利息は「日々ニ発生スルモノナルカ故ニ」負債額は累積的に増大し「実ニ驚クヘキ結果」が生じかねないのである。これを防ぐために，民法405 条は利息の元本への組み入れを「利息カ1年分以上延滞シタル場合」(傍点は引用者)に限定したのである。もしも「債務者カ利息ノ支払ヲ遅滞スルヤ直ニ其利息ニ対シ更ニ利息ニ相当スル額ノ支払」(傍点は引用者)を求めることができるとすると，利息が1年分以上延滞したことを条件とする民法405条の規定は「無用ニ帰セシムルニ至ラン」ということになる。民法405条は一方で「債務者ヲ救済スル為メ」に複利を認め，他方で複利が「驚クヘキ結果」を招くことを防ぐために利子の元金への組み入れを1年ごとに限定したのである[15]。

　なる程，民法405条は単利を複利にするためには債権者の催告がなければならず，また利子が1年分以上延滞していなければならないと規定している。これを複利のための条件と捉えれば「民法は単利が原則」だということになるのかもしれない。しかし逆にこれらの条件さえ充たされるならば債権者はその一存で単利を複利にすることができると捉えれば，民法は1年を超えた長期の貸借では1年ごとの複利こそが「一般に適用される根本的な法則」(『岩波　国語辞典』)＝原則だとしていることになるだろう。

　このように考えてくると，単利と複利との関係が明らかになる。利子の計算は当初は全て単利から始まるのであって，そこで生じた利子を途中で元金に組み入れるか否かで複利という算定方法が新たに生まれるのである。複利は単利計算を基礎(ベース)にしているのであって，このことからすれば単利は利子計算の基本であると言うことはできるだろう[16]。しかしそれが一般に広く用いられるという意味で単利が利子計算の原則であるというわけではない。単利では利子の延滞による不公平の

---

　15)　本文の例で貸借から5年後の状況を考えると，単利の利子は50万円なのだが，これを1年ごとの複利による610,510円とすることで当事者間の不公平を解消しようというわけである。もしも1ヶ月ごとに利子を元金に組み入れるとすれば金利は645,308円になるのだが，これでは逆に借主(乙)にとって酷だというのである。

　16)　学校で利子の計算方法を説明するとき，先ず単利から始め，それを基にして複利に進むというのが通常のやり方である。単利を抜きにして複利を説明することはできないからである。これは単利が利子計算の基礎だからであって，それが一般に広く用いられる原則だからではない。民法の規定もこれと同じことだと言ってよい。

拡大が時の経過にともない不可避的に生じるからである。不公平な結果が必ずもたらされるような方法は，法の世界での原則とはなり得ないはずである。

　単利と複利というのは，貸借の期間の長短に関係なく一方が原則で他方が例外であるという二者択一的な関係にあるのではない。利子計算は時間軸に沿って単利の上に途中から複利が乗ってくるという，いわば重層的な構造のものだと考えるべきである。問題はその層の境目をどこに設定するかであって，民法405条はそれを1年とし，1年以内の短期では単利を，1年以上の長期では1年ごとの複利を，それぞれ原則とすることで，借手と貸手との間のバランスを保っているのである[17]。

　以上要するに，民法405条は債権者が利子の支払いを請求したにも拘わらず債務者がそれに応じないという限定されたケースの法的対応を規定しているのであって，単利が利子計算一般の原則だと規定しているわけではない。単利は期間が長くなればなるほど，債権者に「尠ナカラサル損害」を強いることになるので，それを避けるために複利という算定方法が生まれたのである。期間の長短に拘わらず「利子計算は単利が原則である」と考えるのは乱暴に過ぎよう。まして債務者が延滞している金利を期間の途中で支払うというケースは，第6章で述べたように，本質的には複利なのだから，「民法では単利が原則」という理由で逸失利益をホフマン方式で算定するという方法は民法405条の精神に反するものだと言わなければならない。

4.　残された途

　最高裁が中間利息の控除率を5％としたことによって被害者が不利な状況を強制されているという現実を，何らかの方策によって打破しなければならないという認識は正しい。しかしそのためにホフマン方式を用いるという論理に与することはできない。既に第2章で述べたように，

---

17)　期間が1年以内であれば単利と1年ごとの複利とは実質上同じことなのだから，単利と複利の何れが原則かというのであれば，「1年ごとの複利」だと言うべきだろう。

逸失利益というのはもともと複利で算定される性質のものだからであり，またここで指摘したように「民法は単利を原則とし複利を例外としている」とする法の解釈には疑問符をつけざるを得ないからである。

　そこで問題は，ではどうすべきか，である。5％の法定利率を割引率とする算定方法が被害者に酷な状況を強いているからには，修正されるべきはその原因となっている5％という割引率の値そのものでなければならない。5％という割引率がもたらした不公平を（5％はそのままにしておいて）ライプニッツ方式の代わりにホフマン方式を用いることで解決しようというのは，ある誤りを別の誤りで埋め合わせるということに他ならない。これは論理として間違っている。ここで必要なのは逸失利益を論理に則り的確に算定することであって，単に金額を求めるということではない。割引率が不公平をもたらす原因である以上，その割引率を修正することによって不公平を除去するのが筋であって，論理を無視してでも割引方法を変更することで逸失利益の額の辻褄さえ合わせればそれでよいという訳ではない[18]。

　しかしここで立ちはだかるのが5％最高裁判決である。中間利息の控除割合は法定利率に拠らなければならないとした最高裁判決にも拘わらず割引率の値を変更することは果たして可能なのだろうか。私は最高裁判決の論理的な誤謬を指摘することによって割引率を引き下げるというのが正道だと思う。当該案件で原告や原審が問題にしたのは，表面的には利子率の値であるかのように見えるし，事実，最高裁はそのように解釈してもいるのだが，（前章で説明したように）実はそうではない。この案件のポイントは公正な逸失利益を算定するためには，基礎収入を一定とする限り，それを（名目利率ではなく）実質利率で割り引くべきだという算定方法にある。問われているのは利子率の値ではなく，逸失利益の公正な算定方法に他ならないのである。

　しかるに5％最高裁判決が問題にしたのは利子率，それも名目利子率

---

18) 福岡高裁の判決について言えば，基礎収入が「謙抑的」であるならば，基礎収入の額そのものを修正すべきであって，安易にホフマン法を採用すべきではない。なお，前出の大阪地判（平19.3.28.）は「中間利息の控除方式という技術的事項について被害者保護という実質的利益考量を持ち込むことが必ずしも相当とは解されない」という。中間利息の控除方式が技術的事項だとする点には賛同できないが，主旨そのものには賛成である。

の値であって逸失利益算定の方法ではない。民法が5％と定め，最高裁がそれを用いるべきだとした法定利率は名目利子率であって実質利子率ではない。従って5％の法定利率を名目利率として受け容れたとしても，算定方法自体を修正することで一定の所得を割り引く割引率を法定利率の5％から，それよりも低い実質利子率に変更することは論理上は可能だし，公正な逸失利益を算定するためには必要なことでもある。第5章で示したように，そうすることでより公平な逸失利益を算定することができるのである。最高裁は原告が主張し札幌高裁が是認した算定方法を論理的に否定できたわけではないからである。

引 用 文 献

〔1〕井上繁規，他「交通事故による逸失利益の算定方法についての共同提言」，『判例時報』1692．（2000.1.11.）
〔2〕大島眞一「ライプニッツ方式とホフマン方式」，『判例タイムズ』1228．（2007.3.1.）
〔3〕尾島茂樹「逸失利益の算定における中間利息控除の割合」，『速報重要判例解説（インターネット）』2005.9.14．及び『金沢法学』48-2．（2006.）
〔4〕川井健「逸失利益の中間利息控除率について」，『NBL』814．（2005.8.1.）
〔5〕 同 「民事法判例研究」，『金融・商事判例』1232．（2006.1.15.）
〔6〕勝本正晃『債権法概論（総論）』，有斐閣，1949．
〔7〕高野真人「中間利息の控除について」，『法律のひろば』2001.12．
〔8〕佐藤信吉「物質的損害賠償額算定の新しい方法」，『ジュリスト』363．（1967.2.）
〔9〕座談会「東京・大阪・名古屋の民事交通部における逸失利益算定・慰謝料算定の現状」，『交通賠償論の新次元』，日弁連交通事故相談センター編，2007.9．
〔10〕中田裕康，他『民法 4―債権総論』，有斐閣アルマ，2004．
〔11〕中村誠也，青野渉「損害賠償の中間利息控除訴訟」，『法学セミナー』615（2006.3.）
〔12〕新美育文「逸失利益算定における中間利息控除の利率」，『法律時報，私法判例リマークス』33．（2006〈下〉．）
〔13〕野村豊弘，他『民法Ⅲ 債権総論』，有斐閣Sシリーズ，第2版，2004．
〔14〕二木雄策「逸失利益は正しく計算されているか」，『ジュリスト』1308．（2006.3.15.）
〔15〕丸山絵美子「最新判例演習室」，『法学セミナー』609．
〔16〕山口聡也「最近の判例から」，『法律のひろば』2006.3．

第 10 章

結　び

　私がこの書物で試みてきたのは，詰まるところ「現行の逸失利益算定方法は不合理，不公平ではないか」という疑問を提示し，それに代わる方法を考え出すことであったと言ってよい。

　まず本人の収入や『賃金センサス』等を基にして被害者の年収（基礎収入）を確定し，それを就業期間全般にわたって固定しておいた上で，それに5％のライプニッツ係数を乗じ（そこから生活費を控除し）て逸失利益を算定する，というのが現行算定方法の骨子なのだが，法の世界の大勢はこれを不合理・不公平ではないとして是認している。第8章で採り上げた最高裁の判決（最判平 17.6.14.）がこのような大勢の一つの到達点なのだが，この書物ではそれを不合理・不公平だとしている。問題は，なぜ大勢とは異なった判断をせざるを得なかったのか，である。

　逸失利益の算定方法についての判決の流れを長い期間に亘って眺めると，様々の問題が裁判の場で争われて来たことが分かるのだが，それらを全体として捉えようとすると，判決相互間の矛盾や不公平やらが際立つだけで，逸失利益のあるべき姿は一向に浮かび上ってこない。

　例えば最高裁はいわゆる東京方式と大阪方式の何れをも「不合理ではない」としているのだが，算定の論理はもとよりその結果もまた同じではない二つの方法を共に「不合理ではない」として是認すれば，全体としては論理必然的に事案間に不公平が生じることになる。また遅延損害金は単利で計算されるというのが法の世界の慣行であり，それを是認する判決もあるのだが，これをライプニッツ方式による割引（中間利息の控除）と関連させれば，算定方法は全体としては明らかに矛盾したもの

になってしまう。そこに見られるのは「割引方法はホフマンかライプニッツか」とか「遅延損害金は単利か複利か」というような特定の問題点にスポットを当てるだけで、逸失利益の算定方法全体についての視野を欠く近視眼的な判断である。

　現行算定方法の到達点である前掲の5％最高裁判決もこの例外ではない。この判決は法定利率5％の是非に拘泥するあまり、逸失利益算定方式全体の中で5％の役割を検討するという視点を欠き、その結果、利子と物価との相関という重要な事実を看過し、被害者に不公平な逸失利益を強制してしまっている。

　より一般的に言えば、裁判所の判断には、逸失利益の算定はどうあるべきか、どのような算定方法が公平な逸失利益をもたらすか、という総体的な「判断基準」が欠けている。それぞれの判決は、逸失利益の本質を問うことなく、それぞれの争点だけをいわば弥縫策によって解決してきたにすぎないのであって、それらを寄せ集めても公平で論理的な逸失利益算定法の全体像が浮かび上って来るわけではない。

　もっとも、多くの判決を全体として眺めると「法的安定及び統一的処理」という言葉が「判断基準」の最大公約数的な表現であるようにも思われる。実際、前記最高裁判決をはじめ、多くの判決でこの言葉が頻繁に用いられている。算定方法を途中で変更すればそれに応じて従来の案件との間に不公平が生じるのは確かだし、ある一つの問題が異なった方法で処理されれば混乱が生じることも確かである。しかしだからといって「法的安定及び統一的処理」を基準にして、逸失利益の算定方法が論理に適っているか否か、公正なものであるか否かを判断できるわけではない。早い話、既に指摘したように、「法的安定及び統一的処理」は逸失利益をホフマン方式で算定するための根拠とされているだけではなく、それを否定するための根拠にもなっているのである。

　これは些か極端な譬えかもしれないが、死刑制度の是非を問うとき「法的安定」や「統一的処理」を持ち出して死刑存続を主張するのは無意味である。この場合に必要なのは、たとい刑罰としてであれ、人間の生命を奪うことが許されるか否かを問題の本質に立ち戻って考えることであって、従来の慣行を持ち出すことではない。逸失利益算定の問題もこれと同じである。必要なのは合理的で公平な算定方法はどのようなも

第10章 結 び

のかを逸失利益の原点に立って考え，それに沿って問題を解決して行くことであって，「法的安定」や「統一的処理」を楯にして従前の方法を継承することではない。それは問題の本質を回避し結論を先取りする役割を果たすにすぎないのである。

そこで問題は，逸失利益はどうあるべきか，公平な逸失利益とは具体的にどのような条件を充たすべきか，である。これについては本文で何度も述べてきたのだが，敢えて繰り返せば，この書物ではそれを次のようなものだと考えている。

逸失利益というのは「不法行為がなければ得られたはずの利益」（『広辞苑』）だから，それが公平なものであるためには，被害者本人が生存していたならば手にすることができたはずの利益を過不足なく補償するものでなければならない。より具体的に言えば，被害者が一括して受け取った金額を将来にわたって相当の利率で運用しながら，そこから本人が生きていたとすれば手にしたはずの利益を控除して行くと，就労期限に到った時点でその残額がちょうどゼロになるような額が公平な逸失利益なのである。

もっとも，このような条件を充たす金額を実際に見出すことは不可能だと言ってもよいほど難しい。逸失利益というのはすぐれて将来に関する概念だが，将来は不確定なのでその算出は（事実ではなく）予想に頼らざるを得ないからである。しかし如何に困難な問題であろうとも，必要なのはその困難に立ち向かい，より公平な方法に一歩でも近づくように努めることであって，安易な妥協の道を選ぶことではない。「これまではこうだったから今度も……」という論理は便利だし，それ故に往々にして用いられもするのだが，「法的安定」というのは最も安易なやり方を正当化しようとする一種の弁明に過ぎないのではないか。「法的安定」は大量に発生する事故を迅速かつ経済的に処理するための最適の基準ではあっても，公平の原則に則って論理的に導き出されたものではない。

なるほど，従前の方法に従うというのは交通事故を合理的に処理するということになるのかもしれない。しかしここでの合理的というのは，例えば企業の合理化という場合がそうであるように，物事を無駄なく効率的に進めること，言い換えれば「経済的」（economical）ということで

あって，必ずしも論理に適う（logical）ということではない。逸失利益は金額で示されるから，従前の方法に倣ってそれを算定すれば事故の処理が合理的＝経済的に進むことにはなるだろう。しかしその金額が「何のため」のものであるかを問わず，ただ効率性だけを基にして従前の方法に従って逸失利益の額を算定するというのは「理」に「合」ったことではない。この場合に必要なのは逸失利益の本来の姿に適うような金額を求めることであって，金額さえ求めればそれで済むというわけではない。

　しかし現在では，裁判によってであれ示談によってであれ，従前の方法に則って金額を効率的に求めることだけが逸失利益算定の目的になってしまっているのではないか。そこから生まれるのは，事故で失われた生命を「いのち」の問題としてではなく「金銭」の問題として機械的に処理するという極めて便宜主義的な手法である。このような方法が普遍化・一般化すると，それに応じて逸失利益が人間の生命から懸け離れ，人間があたかも売買可能なモノであるかのように扱われるという危険性が生じることになる。何であれモノの価値を金額で表示するというのは，一般には，そのモノが売買の対象となりうることを前提とするからである。かくて逸失利益の算定は「いのち」の評価という本来の姿から乖離し，「金額」の算定に矮小化されてしまうことになる。

　どうしてこのようなことになってしまったのだろうか。それぞれの裁判というのは，その性質上，（例えば）基礎収入の男女間格差であるとか，割引率の値であるとかというような個別の問題を争うという形を採っている。そこではそれぞれの争点に直接に答えることだけが重視され，逸失利益はどうあるべきかという最も基本的かつ本質的な視点が忘れられてしまう。逸失利益のあるべき姿の中でそれぞれの争点を捉えるというのではなく，矮小化された視野の中でことの適否だけが判断されてしまう。これは裁判という制度自体の持つ限界なのかもしれない。それぞれの争点を逸失利益の根源にまで立ち返って考えるというのは個々の裁判にとっては必ずしも必要ではないことなのかもしれないし，経済的な視点からは割に合わないことなのかもしれない。しかし，逸失利益の算定というのは論理的で公正な算定方法を求めるという問題であって，既存の方法に従い金額を算定するという単なる計算問題ではない。そこ

で求められているのはいわばルールを作ることであって，既存の慣行を順守することではない。裁判所を始めとする法の世界はこの点の認識を誤っているのではないか。従来の方法に従い金額を計算するだけで，逸失利益のあるべき姿を求めるという本質的な視点を軽んずるというのは，被害者の人間性を軽視ないしは無視することに他ならない。

　「人の命は何物にも代え難い」とか「生命を大切に……」とかというのは，人命に係わる事故や事件が起ったときに用いられる常套句である。しかし「人間の生命を大切にする」というのは具体的にどのような行為を指すのだろうか。この問に答えるのは難しい。難しいのは確かだが，徒に事態の形式的な安定を求め，従来の方法に追随することで人の死を機械的・効率的に処理することを「人間の生命を尊重する」行為とは言わないだろう。逸失利益は結果的には金額で表示されるとはいえ，本来は人間の生命の問題であって金銭勘定の問題ではない。このことを忘れて逸失利益の問題を論じてはならない。

　かつて，最高裁長官であった町田顕氏は新任判事補の辞令交付式で「法律以外の知識習得や経験を積み，周囲に流されず，前例にとらわれず，自分の信念に基づき判断してほしい」と訓辞されたという（日本経済新聞 2005.10.18.）。逸失利益の算定において何よりも必要とされるのは，この訓辞に盛られた精神に他ならないのではないか。大切なのは逸失利益はどうあるべきかを自らに問いかけることからの出発であって，過去の慣行や組織の大勢に追随することではないはずである。

あとがき

　交通事故を題材にして本を書くのはこれが二度目である。法律を勉強してきたわけではないのに，このようなことになったのは平成5年1月に起こったある「交通事故」のためなのだが，それについては最初の本に書いたのでここでは繰り返さない。ただ，刑事裁判が被害者やその家族を蚊帳の外に置いたままで行われること，民事裁判も加害者に極めて寛大であることなど，法律の世界が交通事故をどのように扱っているかを身を以て体験した際に感じた悲しみや怒りや驚きやらが基調になっているという点は，今度の本でも変りはない。もっとも「事故」からの歳月が長くなった分，この書物では「情」よりも「知」の方が前面に出ているかもしれない。

　ところで，前書が公刊されたのは「事故」の刑事裁判だけではなく民事裁判も終わった時点だったので，その当時は更にもう一冊本を書くことになろうとは予想だにしていなかった。それにも拘わらず二冊目の本を出版することになったのはどうしてなのか，その経緯について簡単に触れておきたい。

　大阪高裁の判決を受け容れたことで損害賠償の民事裁判を終えたことは前書の「あとがき」に記した通りなのだが，その後，私は賠償金に複利で計算した遅延損害金を加えた金額を加害者の代理人（弁護士）に請求した。とにかくこれで「事故」の残した難題の一つに終止符を打つことができる，というのが当時の正直な気持ちだった。しかし，ことはそう簡単には運ばなかった。相手方の弁護士から返書が届き，それには「遅延損害金は複利ではなく単利で計算されるのが法律の世界の常識です」と書かれていたからである。その文面からは「だから素人は困る」というニュアンスが窺われたのだが，今度は私の方が驚いてしまった。

「年5分の金員を支払え」という判決文は複利での計算を意味すると端から思い込んでいたからである。
　なるほどコール市場での貸借のように利子が単利で計算されることはある。しかしそれはあくまでも極く短期の場合であって，お金の貸借から生じる利子は一般には複利で計算されるのがこの社会の常態である。貨幣は利子を生み，その利子もまた貨幣で支払われるのだから，詰まるところ利子が利子を生むことになるからである。実際，銀行から住宅購入資金を借りたり，逆に銀行に預金をしたりすれば，その利子は複利で計算される。まして私が関係した「事故」の場合，裁判所は複利に基づくライプニッツ方式で逸失利益を計算している。それにも拘わらずその支払が遅れたことに対する遅延損害金が単利で計算されるという「法」の論理は不可解としか言いようがないではないか。法の原則が経済活動の原則と食い違うだけでなく，それ自体が理屈に合わないようなことがあって良いのだろうか。逸失利益が単利で計算されようと複利で求められようと金額にさほど大きな差があるわけではない。しかし問題は金額の多寡ではなく算定方法の当否である。法の常識では論理の筋が通らないではないか。これが当時の私の率直な感想だった。
　理解できない事柄をそのままにしておいて先に進むことができないという性分は研究者の端くれとして生きてきた故の習性なのだろうか，その時に私が選択した途は遅延損害金は複利で計算されるべきだと主張して訴訟を起こすことだった。しかしこの訴訟は三審まで持ち込んだものの，結局のところ，「上告人の主張は独自の見解に立って原審の判断の誤りをいうにすぎないものであって，採用することはできない」という紋切り型の書面が大阪高裁（三審裁判所）から郵送されてきたことで，当方の完敗に終った。
　しかし完敗ではあったが「単利が原則」という裁判所の判断に納得したわけではない。斯くて私の主張のどこが，どのように間違っているのかを自分自身に納得させるという課題が残された。一度は終わるかと思われた六法全書や判例集との「付き合い」がまた始まったのである。
　ところがそのような付き合いをしていると，逸失利益は公正に算定されていないのではないか，という疑問がいわば芋蔓式に生まれてきたのである。とりわけその当時（平成10年頃）わが国の経済はいわゆるバブ

ル崩壊後の不況期に入り預金金利は極めて低い水準に貼り付いていた。そのような状況の許で逸失利益算定の割引率を5％にするというのは極めて不公平なことではないか，という疑問が当然のことながら生まれてきたのである。実際，割引率を5％にすることの是非を問う訴訟があちこちで提起され，その結果，逸失利益の算定方法についての新しい判例がいくつも生み出された。私自身はそれらとの付き合いからなかなか脱け出せないという状況が続いたのである。

　逸失利益を算定するための割引率が経済の状況に関係なく5％でなければならないのは何故か，それを正当化する法的根拠はあるのか，経済的な根拠はどうか，等々，新しい判決が疑問をもたらし，その疑問がまた別の疑問を生むので終着点はなかなか見えてこない。その間，これらの疑問やそれに対する自分なりの解答を論文や学会報告の形で発表し，また交通事故に対するいくつかの損害賠償請求訴訟では「意見書」を書いたりもしたのだが，これらのことが私をますます深みにはまり込ませてしまった。

　そうこうするうちに，これまでの作業結果を体系立てて整理し，一つのまとまったものとして残しておくことができないだろうか，という欲求が頭をもたげてきたのである。これは学者の悲しい性のなせる業なのかもしれない。その結果，生み出されたのがこの書物である。

　以上のような経緯から推察されるように，この本は言葉の正確な意味での専門書ではない。専門書というのは，ある特定の分野の研究者が研鑽の結果を一つの体系にまとめあげたものを指しての言葉だろう。その背後には過去から蓄積・継承されてきた当該分野固有の土台があり，その土台の上に建てられた建造物がある。そこに何か新しいものを付け加えるというのが専門書の専門書たる所以だろう。しかし私は法律を勉強してきたわけではない。この本は法律には全くの素人が法律の世界に対して抱いた単純かつ率直な疑問を文章にしたものにすぎない。ただ，その疑問やそれに対する解答のあり様が私の勉強してきた経済学と無縁でありえないというのは当然のことだろう。本書の副題はこのような意識を込めてのものなのだが，その意味でこの本は（学際的という高尚なものではないが）ハイブリッド的な産物だと言って良いのかもしれない。それ故，法律関係者の目からすれば，ここに書かれていることは素人の

戯言と映るかもしれないし傍迷惑な雑音だと受け取られるかもしれない。
　一般的に言えば，公刊された書物をどのように受け取るかは読み手の権限に属することであって，書き手がどうこう言える問題ではないだろう。しかし敢えて言えば，伝統的な法の思考を基にして法の枠内で本書の内容を捉えるのではなく，法の通念から離れ一般的・常識的な目で逸失利益について考えてみて欲しい，というのがこの本に込めた私の願いである。そうすれば今まで見落とされてきた事柄が見えるかもしれない。傍目八目という諺があるが，法の枠の外から現行の逸失利益を見れば，八目とは行かぬまでも，いくらかは先が読めるようになるかもしれない，というのが私の希望的な観測である。

　ここで「あとがき」としては型破りなことかもしれないが，本書の校正中に出た新しい最高裁判決（最判平 22.1.26.）に触れておきたい。
　いわゆる 5％最高裁判決（最判平 17.6.14.）の余波としてホフマン方式によって逸失利益を算定するという判決が現れたこと，その代表例がキツネが原因で起こった事故についての札幌高裁の判決（平 20.4.18.）であることは第 9 章で述べた通りなのだが，この判決に対しては道路公団と，被害者を死に至らしめた後続車の男性運転手（以下 A）とが，それぞれ最高裁に上告した。最高裁はこれに対し A には本（平 22）年 1 月 26 日に，道路公団には（これと同じ日に弁論を開いた上で）3 月 2 日に，それぞれ判決を言い渡している。
　ここで問題にするのは A の上告の方なのだが，彼は逸失利益を 5％のホフマン係数を用いて算定するとした原審（札幌高裁）の判断は誤りであり，その算定については「年 5％のライプニッツ方式を採用する旨，明確に判示すべき」（A の上告受理申立理由書）だと主張した。これに対し最高裁はこの「上告を棄却」（最判平 22.1.26.）した。5％のホフマン係数を用いた札幌高裁の判決は確定したのである。
　ただし，A の上告を棄却してホフマン方式を採用したからといって，最高裁が札幌高裁の原審判決を支持したという訳ではない。最高裁は上告を棄却した「主文」に続く「理由」の冒頭で，年率 5％のホフマン方式を用いた原審（札幌高裁）は 5％最高裁判決を「正解せず，法令の解釈を誤るものといわざるを得ない」としてその正当性を認めていない。

5％最高裁判決は「中間利息の割合について判示したものであって……中間利息控除の方法について何ら触れるものではないから」（傍点は引用者）だというのである。これは A の主張を先ず切り捨て，返す刀で原審の判決をも屠るということに他ならない。最高裁はその判決で一体，どのような理念を示そうとしているのだろうか。

　最高裁が札幌高裁の原審判決を認めなかったことだけを採り出せば，これは至極当然のことだとも考えられる。原審の判決は，既に本文で述べたように，逸失利益は「本来，実質金利に従って計算するのが相当」であり，それが「年５％を大幅に下回っていたことは公知の事実」でもあるのだが，それ「にもかかわらず……（平17.6.14. の最高裁判決に則って割引率として５％の──引用者──）民事法定利率を用いるべきであると解する以上，……被害者が受け取るべき金額との乖離がより少ないと考えられるホフマン方式を用いるのが相当である」としている。要するに札幌高裁は，公平・公正の見地からすれば割引率として（５％よりも低い）実質金利を用いるべきなのだが，最高裁が割引率を５％としてしまったからには，せめてホフマン方式を用いることで被害者の不利益を幾らかなりとも少なくすべきだ，というのである。この論理は５％最高裁判決に疑問を呈するものだから，同じ最高裁としてはこれを是認することは到底できない相談だろう。

　そこで問題は最高裁はどのような理由で A の上告を棄却したかである。この点について当該最高裁判決は，全年齢平均の基礎収入にホフマン係数を乗じて逸失利益を算定した方法を「直ちに不合理な算定方法ということはできない」とした平成２年３月23日の最高裁判決（判タ731.）を楯にして，ホフマン方式の採用そのものは「不合理なものとはいえず，原審の判断は，結論において是認することができる」（傍点は引用者）からだとしている。

　しかしこの論理はいかにも苦しい。ホフマン方式を用いることが「直ちに不合理」ではないとしても，ライプニッツ方式を用いることもできるのだから，その何れを採用するかは，平成２年の最高裁判決自体が言うように，「個々の事案に応じて適正に」決定すべき性質の問題である。従ってここではライプニッツ方式を廃してホフマン方式を用いるとした理由が明らかにされなければならない。ところが，原審がホフマン方式

を採用した理由は最高裁自身によって否定されている。この最高裁判決にはホフマン方式を採る理由が欠けてしまっているのである。それにも拘わらず結論においてホフマン方式を用いることを認めるというのはトリッキーを通り越した没論理的な議論だと言わなければならない。

なぜこのようなことになったのだろうか。詰まるところそれは「公正・公平な逸失利益はどうあるべきか，その算定方法は如何にあるべきか」という問題の根源についての思考と判断とが裁判所には欠けているからではないか。それを欠いたままで20年も前の判例を根拠にして原審の判断を「結論において是認する」というような弥縫的な手段を用いて問題を処理している限り，事態はどこかで行き詰まらざるを得ないだろう。事実，行き詰まったからこそ，原審がホフマン方式を採用したことの理由を否定しておきながら，そのホフマン方式を「結論において是認する」という没論理的な論法が用いられているのである。

法曹の世界に課せられた究極の課題は公平・公正な逸失利益を求め，それを通して社会の維持・安定を図ることであって，最高裁を頂点とした法曹組織の安定やその内部統一を守ることではない。法は社会のため，そこで生きる人間のためのものであって，その逆ではない。法の安定や統一のために被害者を犠牲にしてはならないのである。この点の理解を誤った今回の最高裁判決が没論理的なものになってしまったのは当然の帰結だと思われる。

本文の脱稿後も続いた5％最高裁判決をめぐる法の世界の動きは，端なくも本書第10章末尾3行の指摘が正当なものであることを証明こそすれ，それに対する反証とはなりえなかったと思うのだがどうだろうか。

あの「事故」は平成5年1月のことだから，この本を書くために17年の時間を要したことになる。その間，多くの人々から直接・間接にお力添えを頂いたことは言うまでもない。たまたま同じ大学に籍を置いていたというだけの縁で私の初歩的な疑問に丁寧に答えて下さった法律専攻の先生，裁判の実務についての解説や助言をして下さった何人かの弁護士の方，学会報告や研究会の席で有益なコメントや教示を頂いた日本交通法学会々員の諸兄姉，最愛のわが子や親や伴侶やらを交通事故で失った悲哀と苦渋の経験を話して下さった全国交通事故遺族の会の皆さん，

等々，列挙すれば際限がない．これらの方々に対する感謝の気持ちが大きいことを先ず書き留めておきたい．

　既に触れたように，この仕事は出版を予定した上でスタートしたものではない．そのこともあってか，原稿がおおよそ整った段階に来ても，それを引き受けてくれる出版社の目途は全く立たなかった．活字離れ，書籍離れが進むだけではなく，経済状況も芳しくない現状で，純粋な専門書でもなければ教科書にもなりえないような原稿を引き受ける出版社が見つからなかったというのは，ある意味で当然のことなのかもしれない．一時は私費ででも……と思ったりもしたのだが，幸い，知泉書館の小山光夫氏が出版を引き受けて下さることになった．その橋渡しをしてくれたのは得津一郎氏（神戸大学大学院経営学研究科教授）である．得津氏からはパソコンによるグラフ処理など，資料の扱い方についても貴重な助言と協力とを頂戴した．このお二人のご厚意がなければ，私の拙い研究が日の目を見ることはなかっただろう．お二人に心からのお礼を申し上げたい．

　このような多くの方々の助力の許で，私はこの15年余りの間に一体，どれくらいの交通事故を目にしてきたことになるのだろうか．もちろん，それらは（一つを除いては）全て裁判や判例などを通しての間接的な関与にしか過ぎないのだが，索引に掲げた判例の数はおよそ100，これ以外に目を通したものもあり，参考にした判決が全体でどれくらいの数になるかは私自身にもよく分からない．それらのコピーはきちんと整理されないままで3つの段ボール箱に詰められ，書斎の隅に置かれているのだが，それらの一つ一つの背後には何ものにも代え難い人間の生命が隠されているのを忘れることはできない．この本は小さくて軽いものでしかないのだが，かつてこの世に存在しながら非業の最期を遂げた数多くの生命を糧として生まれたという点では大きくて重いものでもある．もしこの本をどなたかに捧げることが許されるならば，それはこの書物の中味を間接的に支えて下さった多くの犠牲者以外にはありえない．

平成22年4月3日

二　木　雄　策

判例索引

(年代順)

明治
43. 4. 5.　大審院　　　　ix, 136

大正
 6. 3. 5.　大審院　　　　111, 172

昭和
17. 2. 4.　大審院　　　　111
25. 6. 8.　神戸地裁　　　36, 39
27. 5.24.　大津地裁　　　37
29.12.18.　大阪高裁　　　37, 39
30.11.17.　神戸・尼崎支　38
37. 9. 4.　最高裁　　　　109
37.12.14.　最高裁　　　　16
39. 6.24.　最高裁　　　　55, 158
39. 7. 3.　東京高裁　　　19
41. 1.13.　大阪地裁　　　108
41. 3.17.　大阪高裁　　　37, 44
42. 4.19.　大阪地裁　　　108
43. 8.27.　最高裁　　　　38, 39
44. 1.16.　東京地裁　　　39
44. 7.18.　神戸・姫路支　39, 44
44.11.10.　大阪地裁　　　39
45. 3.18.　東京地裁　　　40
45. 3.20.　東京地裁　　　40
46. 5. 6.　東京地裁　　　19, 22
46. 5.29.　東京地裁　　　108
47. 2.12.　札幌地裁　　　40, 44
47.12.23.　東京高裁　　　40
48. 8.21.　大阪地裁　　　45
49. 2.14.　東京地裁　　　107
49.12.17.　東京高裁　　　46
52. 8. 8.　静岡・浜松支　46, 168
53. 4.26.　釧路・帯広支　107
53.10.20.　最高裁　　　　16, 146
56. 2.19.　東京地裁　　　50

56.10. 8.　最高裁　　　　146
57. 2. 1.　東京地裁　　　52
57. 5.11.　東京高裁　　　47
58. 1.31.　東京高裁　　　48
58. 2.18.　最高裁　　　　51
59. 1.23.　東京高裁　　　53, 140

平成
 2. 3.23.　最高裁　　　　146, 170,
　　　　　　　　　　　　　189
 6.12. 8.　東京地裁　　　59, 109
 7. 5.26.　前橋・太田支　118
 8. 2.13.　福岡地裁　　　59, 62
 8. 5.14.　神戸地裁　　　120
 8. 6.25.　東京高裁　　　117
 9. 7.29.　大阪地裁　　　117
10. 7.14.　大阪地裁　　　117
10.11. 5.　神戸地裁　　　121
10.12.17.　神戸簡裁　　　108
11. 7.13.　神戸地裁　　　108
11.10.26.　最高裁　　　　117
11.11.26.　大阪高裁　　　108
11.12.14.　神戸・姫路支　61
12. 3.22.　東京高裁　　　59, 62, 142
12. 3.23.　京都地裁　　　115, 121
12. 3.29.　東京地裁　　　78
12. 4.20.　東京地裁　　　60, 119,
　　　　　　　　　　　　　128
12. 6.27.　横浜地裁　　　73
12. 8.25.　大阪地裁　　　63, 115
12. 9.13.　東京高裁　　　63, 78,
　　　　　　　　　　　　　129, 130,
　　　　　　　　　　　　　146
12.11. 8.　東京高裁　　　74, 119,
　　　　　　　　　　　　　133, 146
12.11.14.　長野・諏訪支　59

判 例 索 引

12.11.21. 大阪地裁	62
12.12.26. 津・熊野支	59,79
13. 1.31. 東京高裁	61,146
13. 2.22. 東京地裁	119
13. 3. 7. 福岡高裁	146
13. 3.15. 東京地裁	58
13. 5.30. 札幌高裁	81
13. 6.13. 東京高裁	59
13. 6.15. 大阪高裁	58
13. 6.27. 大阪地裁	108
13. 6.27. 東京高裁	129
13. 8.30. 札幌地裁	79,140
13. 9.11. 最高裁	146
13.10.11. 大阪地裁	120
13.11. 8. 東京高裁	78
14. 3. 5. 大阪地裁	60
14. 4.26. 千葉地裁	119,123
14. 5.31. 最高裁	146
14. 9.25. 東京高裁	119
14.10.30. 大阪地裁	58
15. 1.24. 神戸地裁	119
15. 2.13. 東京高裁	123
15. 3.28. 神戸地裁	136
15. 7.16. 札幌高裁	139
15.10.29. 東京高裁	146
15.11.26. 札幌地裁	139
15.11.28. 札幌・小樽支	139
15.12. 4. 大阪地裁	62,63
16. 6.22. 岡山地裁	28
16. 7.16. 札幌高裁	139,168,169
16. 8.20. 札幌高裁	140,169
16.12.20. 最高裁	119
17. 6. 9. 神戸地裁	130
17. 6.14. 最高裁	139,140,161,179,188
17. 8. 9. 福岡高裁	168
18. 3.23. 札幌高裁	170
19. 3.28. 大阪地裁	171,172,176
19. 5. 9. 大阪地裁	x
19. 7.12. 東京・八王子支	x
19. 7.31. 名古屋地裁	x,171
19. 9.19. 東京・八王子支	x,171
19.10.31. 千葉地裁	x
19.11.30. さいたま地裁	x
19.12.26. 千葉・松戸支	x
20. 4.18. 札幌高裁	169,188
22. 1.26. 最高裁	188

二木 雄策（ふたつぎ・ゆうさく）

1935（昭10）年金沢市生まれ。1963（昭38）年神戸大学大学院経済学研究科終了。神戸商科大学（現・兵庫県立大学），神戸大学経営学部，姫路獨協大学，の教授を歴任。現在，神戸大学名誉教授。経済学博士。
〔業績〕『現代日本の企業集団』（東洋経済新報社），『日本の株式所有構造』（同文館），『交通死』（岩波新書）他

［逸失利益の研究］　　　　　　　　　　　ISBN978-4-86285-081-2

2010年5月6日　第1刷印刷
2010年5月10日　第1刷発行

著　者　　二　木　雄　策
発行者　　小　山　光　夫
印刷者　　藤　原　愛　子

発行所　〒113-0033 東京都文京区本郷1-13-2　株式会社 知泉書館
　　　　電話03(3814)6161振替00120-6-117170
　　　　http://www.chisen.co.jp

Printed in Japan　　　　　　　　　　　印刷・製本／藤原印刷